'학종' 돌파
8개 스토리

세종교육
SEDU

'학종돌파' 8개 스토리
― 점들의 연결

1판 1쇄 인쇄 | 2019년 6월 30일 인쇄
1판 1쇄 발행 | 2019년 6월 30일 발행

지은이 | 김재호
펴낸이 | 세종교육
편　집 | 김세준
디자인 | 김세준

펴낸곳 | 세종교육
등　록 | 제2005-000083호
주　소 | 서울 송파구 백제고분로 171 동화빌딩 3층
전　화 | 02-424-1232
팩　스 | 02-424-1254
이메일 | kimjh21@daum.net

ISBN　979-11-967402-0-7

값 15,000원

이 도서의 국립중앙도서관 출판시도서목록(CIP)은 서지정보유통지원시스템 홈페이지
(http://seoji.nl.go.kr)와 국가자료공동목록시스템(http://www.nl.go.kr/kolisnet)에서
이용하실 수 있습니다. (CIP제어번호: CIP 2019024031)

How

'학종' 돌파
8개 스토리

'기억에 의해서가 아니라 사색에 의해서 얻어진 것만이 참된 지식이다.' 톨스토이가 한 이 말은 내가 가장 좋아하는 말 중 하나이다.

그리고 지금 이 시대 중고등학생들이 꼭 새겨볼만한 말이다. 학생들은 그동안 기억하는 데에만 너무 많은 노력을 기울여왔기 때문이다.

'학종 돌파 8개 스토리'는 기억하기가 아니라 '생각하기'를 권하는 책이다. 내가 한 공부, 내가 한 활동이 어떤 의미가 있는지 생각해보면 그 동안 잘 보이지 않았던, 대단히 새롭고 많은 내용들이 갑자기 보이게 된다. 그래도 그런 것이 잘 안보이거든 책을 조금 더 읽으라고 권하고 싶다. '아는 만큼 보이기 때문'이다.

이 책에 수록된 내용은 한두 명을 제외하고는 주로 '좋은 내신 성적'을 가진 학생들을 중심으로 하였다. 성적이 좋으니 좋은 대학 가는 것은 당연한 일이기도 하다. 그렇지만 좋지 않거나, 아주 안 좋은 내신 등급의 학생들이라고 실망할 일은 아니다.

실제 일반고 5,6,7등급대(아주 낮은 등급)의 학생들이 서울과 수도권의 아주대, 인하대, 국민대, 광운대 외의 우수한 대학에 합격한 사례도 대단히 많다. 인재의 선발기준이 바뀌었기 때문이다.

다음 출간을 계획하고 있는 '학종 돌파 시즌2'에서는 이러한 사례를 집중적으로 다루어 볼 계획이다.

'학종'은 '깜깜이 전형'이 아니고, '금수저 전형'도 아니다.

일부에서 '깜깜이'라고 생각하는 것은 '학종'에서 추구하는 지향과 전형 요소에 대한 이해 부족에서 비롯된다고 생각한다. 자신의 학습내용과 활동 내용, 그리고 이것이 기재된 학교생활기록부를 주변의 친구들하고 서로 비교해보면 이 점은 아주 분명해진다. 한눈에 보기에도 활동과 학습이 아주 우수하고 내용이 좋은, 대학에서 탐낼만한 학생들이 있는 것이다.

일부 고등학교에서는 '서울대 또는 특정 대학교에서는 무슨 무슨 전형에 우리 학교 학생들을 안 뽑는 경향이 있다'는 생각을 가지고 있는 듯하다. 실제 그런 얘기를 자주 듣는다. 그 고등학교에서 특정 대학, 특정 전형에 실제로 지원한 학생들이 잘 안 붙기 때문에 그런 생각을 하는지도 모르겠다. 내가 생각하기에, 그리고 경험으로 비추어 보건데, 그런 일은 상식적이지 않다. 만약에 특정 대학, 특정 전형에 잘 합격하지 않는다면, 그것은 그냥 단순히, 그 학교에서 요구하는 기준을 못 맞추었기 때문이다.

그리고 그 학생들의 서류를 살펴보면 이 판단은 대개 들어맞는다.

그러므로 '학종'은 전혀 '깜깜이'가 아니다. 이제까지 하던 대로, 성적을 기준으로 생각하면 '깜깜이'로 보일 수 있다. 그러나 '학종'은 성적과의 연관성이 적은 전형이다.

그리고 '학종'은 상대평가다. 스무 명 중 우수한 열 명이 합격하는 것이다. 학생들이 가진 우수성은 '상대적 우수성'으로 평가된다. 스무 명을 정해진 기준에 의해 판단하고 우수한 순서대로 학생들의 순위를 매기는 일은 그리 어렵지 않다.

일부에서 '금수저 전형'으로 치부되기도 하는 '학종'은 화려한 스펙과, 우수한 전문가의 도움이 반드시 필요하다는 것을 전제로 하고 있다. 그러므로 '금수저'라는 결론에 이른다. 그러나 이 책에서 보듯, '학종'을 통해 우수 대학에 합격한 학생들이 '금수저'에 해당하는 학생은 없다. 오히려 더 평범하고 더 가난한 학생들일 수 있다. 그리고 학원에 의존하기보다는 자신을 믿고 노력한 학생들이 훨씬 더 많다.

일부러 이 합격생들의 '학교생활기록부' 기록을 일부 첨부해 두었다. 서울대 의예과, 또는 다른 학과에 합격한 학생이나 다른 유수한 대학에 '학종'으로 합격한 어떤 사례를 보아도 어느 한 군데 '금수저'의 혐의점이 없다. 한 해 수십 명의 학생을 직접 지도하면서도 그런 '금수저' 유형의 학생을 본 적이 없다. 그들 대부분, 거의 모두가 합격했다. 그러니 '금수저'라는 말은 그저 '유령'을 좇고 있는 것은 아닌지 모를 일이다.

내 경험에 의하면 대학에서 요구하는 스펙은 화려한 것이 아니고, 아주 우수한 수준의 논문도 아니다. 전형요소에서 밝힌 것처럼 학업능력, 전공에 대한 이해와 학습의 비중이 높다.

통계로 보더라도 이제까지 부유한 강남의 학생들이 우수한 강사진으로부터 받는 교과 과외, 학원, 개인지도에 힘입어 좋은 대학에 월등히 많이 진학했다. 이것이야말로 지방학생이나 보통 평범한 학생들이 넘어설 수 없는 '금수저'의 벽이었다. 지금 많은 학생들은 별도의 과외 없이도, 많은 돈을 들이는 특별 지도 없이도, 좋은 대학에 '학종'을 통해 진학할 수 있는 길이 열렸고 실제로 진학하고 있다.

학생들에게 적극적으로 이 전형을 활용하라고 권하고 싶다.

끝으로 긴 시간동안 원하는 대학에 입학하기 위하여 땀 흘리고 노력한 학생들, 그리고 그 학생들을 지도하신 학교의 선생님들과 학부모님들께 깊은 존경과 성원의 박수를 보낸다.

－ 김재호

차례

새로운 길을 찾다

서울대 농경제사회학부 합격

새로운 길을 찾다

김주영, 서울대학교 농경제사회학부 합격, 아주 좋은 등급

저는 학교에서 '넘사벽'이라고 불립니다. 그런 저에게도 넘을 수 없는 벽이 있었습니다. 대학입시, 특히 서울대 입시는 저에게 만리장성과 같은 '넘사벽'이었습니다.

전교일등의 비애

전교 일등의 숙명적 두려움을 아는가? '넘사벽'이라고 불리는 전교일등이 실은 넘을 수 없는 견고한 벽이 아니다. 벽은커녕, 그 자신이 매일 파들 파들 떨면서 불안하고 초조한 나날을 보내는 가녀린 존재라는 사실······.

중간, 기말 시험을 두 달쯤 앞두고부터 벌써 소화불량에 편두통, 기분

나쁜 미열이 이마와 볼에 열꽃을 피운다.

죽어라 수학만 파는 애가 옆 반에 있다거나 영어에 목숨 걸었다는 아이들 얘기가 들려올 때면 가슴이 부들부들 떨리고 얼굴이 벌겋게 달아오른다.

전교일등이라고 해서 교과 내용을 뭐든지 속속들이 다 이해하는 것은 아니다. 영어, 수학, 국어 이해가 잘 안될 때는 교과서와 시험범위 교재를 통째로 외우는 수밖에 없다. 아, 그건 끝나지 않는 시간과의 싸움이다.

지난한 과정을 거쳐 그렇게 2년간 전교 일등을 지켜왔다. 일부러 그런 선택을 한 것은 아니었지만 나의 고등학교는 지방에 있는 학교이기 때문에 다른 대도시의 일등 학생보다는 한결 힘이 덜 들었을 것이다. 그럼에도 불구하고 그 2년간은 지옥의 나날들이었다.

마지막까지 경쟁하던 전교 2등을 2학년 학년말 시험으로 따돌리자 3년 치 평균으로 어느 정도의 여유를 겨우 챙길 수 있었다. 큰 실수만 안하면 자리를 지킬 수 있게 된 것이다.

입시, 퍼즐과 미로

그렇지만 고등학교의 성적은 결국 대학을 가기 위한 것이 아닌가? 이 지점에서 나는 전교일등을 지키는 것보다 훨씬 더 큰 고뇌와 혼돈에 직면할 수밖에 없었다.

첫 번째, 어느 대학, 어느 학과를 갈 것인가?

경영학, 경제학, 신방과, 사회학, 미디어, 사범대, 교대 등으로 이어지며

이 물음은 풀리지 않는 수수께끼처럼 쳇바퀴를 돌다가 다시 제자리에 돌아오곤 했다.

내신 성적은 1등급 초, 전교 일등이고 아주 우수한 성적[1]이었으니 주변에서는 "어딘들 못가겠니?" 이구동성으로 이야기 했다. 하지만 나는 어느 하나도 자신이 없었다. 대학입시는 중간 중간 피해가지 못하는 결정적 함정들을 숨기고 있는 미로와 다름없었다.

전교 일등이었으니 당연히 서울대 진학을 생각해 볼 수 있었지만 일등들이 지원하는 '지역균형' 전형은 교과전형이 아니라 '학생부 종합전형'이라는 점이 걸림돌이 되었다. 그간 쌓아놓은 '학교생활기록부'를 몇 번이나 뒤적여보았지만 내 학생부 자율활동이나 동아리, 세부능력 기재란에 왜 그러한 구절이 기재되어 있는 것인지 내가 생각하기에도 알 도리가 없었다.

예를 들면, 자율활동에서 '사회의 다양한 문제에 관심이 많고 평소 아침독서시간과 점심 후 10분 자습 및 독서토론을 통하여 꾸준히 독서활동에 참여함', '배드민턴에서 수비 능력이 뛰어나고 경기 흐름을 주도하는 감각이 우수함' 등의 내용이 적혀있었다.

---

1) * 학생들의 이름은 동의를 얻어, 실명 또는 가명으로 처리함.

* 본문에 표현된 내신 성적 등급은 다음을 기준함.

– 아주 좋은 등급 : 1등급 초중반

– 좋은 등급 : 1등급 후반 ~ 2등급 중반

– 보통 등급 : 2등급 후반 ~ 3등급 후반

– 낮은 등급 : 4등급 초반 ~ 5등급 초반

– 아주 낮은 등급 : 5등급 중반 이하

아, 전혀 기억할 수도 없는 이것이 정녕 나의 활동기록이 맞단 말인가? 이 무슨 생뚱맞은 기록이란 말인가!

안 그래도 삼류 학교라는 열등감에 젖어 있던 나는 빈약해 보이는 '생기부'를 보며 종합전형이란 아주 다른 나라의 입시전형이라는 생각을 해야 했다.

> (책갈피 : 자율동아리) 사회의 다양한 문제에 관심이 많고 평소 아침독서 시간과 점심 후 10분 자습 및 독서토론을 통하여 꾸준히 독서활동에 참여하였으며, 책을 읽은 후 독후감을 발표고 체계적으로 정리하는 습관이 형성됨.
>
> (민턴사랑 : 방과후학교스포츠클럽) (26시간) 수비 능력이 뛰어나고 경기 흐름을 주도하는 감각이 우수하며 방과후 학교스포츠클럽 활동에 열심히 참여하였고 교내 배드민턴 대회를 운영하는데 적극적으로 활동함.

〈생활기록부 - 자율활동부분〉

이 전형을 피하려고 하면 일반전형이나, 농어촌 전형을 생각해야 했는데, 일반전형은 '지균'보다 훨씬 심각한 경쟁을 각오해야 하고 경쟁 상대는 자사고나 특목고의 무시무시한 학생일 공산이 컸다. 결정적으로는 사회과학 제시문을 소화하여 심층구술을 통과해야 하는 전형이어서 생각만으로도 주눅이 들었다. 더구나 경제학은 수학 제시문을 풀고 구술에 임해야 한다!

'농어촌전형'으로 피해보려 하면, 광역 단위에서 7,8명을 뽑는 바늘구멍 전형이어서 보기만 해도 숨이 막힐 지경이었다. 학교 선생님 말마따나 합격 가능성 2%가 넘지 않을 것이 자명한 일이었다.

무한 도돌이표를 반복하다

결정적으로 더 어려웠던 일은, 어떤 학과를 선택하는가 하는 문제였다. 합격 가능성도 고려해야하지만 내가 진정으로 하고 싶은 것이 무엇인지도 반영해야 할 터인데, 그런 것을 생각해본 적이 한 번도 없었다. 인문계열의 여러 개 학과를 도돌이표로 무한 반복하다가 다시 원위치 하곤 했던 것이다.

1학년에 이어 2학년을 마칠 때, '교육대학을 가겠다'고 최종 결심한 것은 이러한 배경에서였다. 사람은 대부분 '보고 싶은 것만 보기 마련이다.' 교대 가겠다는 생각이 강해지자, 유리한 점만 보였다. 교대 진학의 경우, 수능 최저 등급을 요구하는 대학이 대부분이었지만 그리 높은 수준이 아니라서 무난히 달성할 수 있을 듯싶었고, 수능 최저 등급이 아예 없는 교대도 더러 있었다. 더군다나 '교사'라는 확실한 직업을 얻을 수 있다는 사실이 불안한 미래에 대한 걱정을 덜어 주었다.

학교선생님이나 부모님께서도 이런 나의 계획을 무리 없으며 적절한 최선의 선택이라 칭찬하며 치켜세우셨다. 학교 내에서 나는 '교대 갈 학생'으로 지칭되었고 담임선생님께서는 내 학생부 진로희망 란에 '초등학교 교사'라는 글자를 담백하게 적어 놓으셨으며 희망사유에는 몇 가지 살을 덧붙여 '아이들 가르치는 것에 보람을 느낌', '어려운 아이들에게 도움을 주고 싶어 함' 등으로 적어 놓으셨다. 그 때의 나의 선택은 확고부동한 나의 미래가 되는 듯했다.

학년	특기 또는 흥미	진로 희망		희망사유
		학생	학부모	
1	친구 도와주기	초등학교 교사	교사	평소 아이들을 좋아하고 아이들의 눈높이에서 대화하고 가르치는 것에 보람을 느껴 초등학교 교사가 되고 싶다는 꿈을 갖게 됨.
2	또래상담 학습상담	교육자	교사	자신이 학교폭력이나 진로선택으로 힘들었던 시절 도움을 받지 못하였기 때문에 도움이 필요한 아이들을 외면하지 않고 도움을 주고 싶다고 다짐함. 평소 친구들에게 자신이 아는 것을 가르쳐주는 것을 좋아하고 교육 봉사도 적성에 맞아 교단

〈생활기록부 - 진로희망부분〉

One of them?

내가 이 결정을 번복한 것은 3학년 4월달이었다. K는 내 '생기부'를 꼼꼼히 살펴보고는, 이렇게 물었다.

"정말로 교대에 가고 싶니?"

진지한 표정으로 물어보았는데, 난 갑자기 자신 있게 대답하기 어려웠다. 2학년 말에 최종적이라는 생각으로 교대 진학을 결심하고는 한 번도 그에 대해 회의해본 적이 없었는데 K의 그 질문에 갑자기 말문이 막힌 것이다.

마음 속에서 '내가 정말 교대에 가고 싶었던가?'하는 의문이 일었다.

"………"

"초등학교 선생님, 즉 교육자가 무슨 일을 하니?"

"그거야……."

너무나 뻔한 답이라고 생각했는데 막상 질문을 받자 좀체 답하기 어려웠다. 질문이 질문답지 않은 것은 아닐까, 하는 생각도 들었다.

"네가 교대에 간다고 한 것이 나는, 고민 없이 한 선택으로 보인다. 준비도 안 돼 있고, 솔직히 하고 싶은 열의도 없으며 당연히 교육이 무엇인지도 모를 테고."

"아이들 가르치는 거죠. 봉사활동으로 아동센터 아이들 가르쳐도 보고, 제법 흥미도 느꼈는데요?"

"무얼 가르쳤니?"

"수학과 과학이요."

"쉬운 계산문제 몇 개 가르쳤겠지. 교육봉사는 너 혼자 했니?"

"다른 학생들도 여럿, 여러 번 함께 했는데요?"

"그 학생들도 다 교대 지망하니?"

"그건 아니지만."

"네가 그 학생들과 다른 점은 무엇이니?"

"………."

"교육봉사 해 본 학생이나, 교육봉사에 흥미를 느낀 애들이 모두 교대에 가야 하나?"

"그건……."

딱히 대답할 말이 생각나지 않았다. 상대편의 말문을 막히게 하는 재주가 있어 보였다.

"특별히 다르게 가르치거나, 다른 성과를 낸 적은 있니?"

"다 같은 내용이었고 특별한 건 없었습니다."

"물론 교직은 가치 있는 일이지. 그러나 누구에게나 다 그런 것은 아니다. 정말로 교직이 어울리는 학생을 나는 여러 번 본 적이 있다. 다른 사람들이 가장 좋다고 생각하는 학과나 직업보다도 교직을 고집하는 경우도 있고, 아이들에게 무엇을, 어떻게 가르치느냐로 깊게 고민하는 학생들, 그런 학생이야말로 교직이 천직이지."

"저는 아닌가요?"

"하하, 네가 더 잘 알 것 같은데?"

"………."

"자신에게 맞는 진로를 발견하지 못하고, 적당히 그럴싸한 거 찾으려다 선택한 느낌이 든다."

그날 저녁 나는 정말로 내 진로에 대해 깊게 생각해보았다. 교대를 진학하는 것이 정말 내가 하고 싶은 일이었는가 하는.

교대에 진학 하겠다 마음먹었을 때 느꼈던 이상한 허탈감 같은 것의 정체는 무엇일까 생각해보기도 하였다.

"어제도 말했듯이 교직은 물론 가치 있는 일이다. 그러나 그것만 그런 것은 아니지. 오히려 사람에 따라서는 다른 분야에서 세계를 위한 더 가치 있는 많은 일을 할 수 있다. 그것도 자신의 재능에 맞게."

"하지만 저는 이미 교대 진학이라고 '생기부'에도 적고, 다들 그렇게 알고 있는데요?"

마음은 진로 변경 쪽으로 차츰 기울고 있었지만 현실적인 고민이 앞을 가로막았다. 학생부 종합전형에서는 진로의 일관성이 매우 중요하다는 사실을 귀에 못이 박히도록 들어왔던 것이다. K가 슬며시 웃었다.

"그렇게 알고 있는 학생들이 많다만, 그건 별다른 상관이 없다. 어려서부터 늘 한 길만 가겠다는 강한 신념이 오히려 좀 이상한 것이지."

"그럼 어떤 진로를 갖는 것이 저에게 어울릴까요?"

"그걸 찾아보자."

길을 찾다

다음날부터 K와 나는 대학과 학과 중심으로 새로운 모색에 나섰고 며칠 이야기를 나누고 토론한 끝에 결론을 내릴 수 있었다.

"서울대 가자!"

K의 그 말에 가슴에서 '쿵'하는 울림이 일었다. 내심 가고 싶은 곳이었지만 어림도 없다고 생각한 곳이었고, 그걸 입 밖에 내는 것조차 왠지 불경하거나, 분에 맞지 않는 일이라는 생각이 있었던 모양이다. 그런 걸 '언감생심'이라고 한다. '어떻게 감히 그런 생각을 할 수가 있겠습니까'.

우리 학교는 30년 역사 중 10년 전에 딱 한 번 서울대에 합격한 사례가 있을 뿐이다. 서울대 진학을 목표로 하는 학생은 물론이고 서울대에 진학시키려는 선생님들도 아예 없었다. '오르지 못할 나무' 교훈이 지배하는 학교였다. 서울대 지원하겠다는 말이라도 꺼낼라치면 선생님들께서는,

네가? (내가 느끼기에는) 비웃음이 묻어나는 얼굴이 되시곤 해서 스스로 기가 죽기 일쑤였다.

"농경제사회학부 지원하자."

"그게 뭐 하는 학과인가요?"

"농업경제와 사회경제적 관계 배운다. 자원경제학, 지역정보학……. 미시, 거시경제이론, 농업경제학, 농산물유통, 가격, 무역, 자원, 환경경제, 상품선물과 옵션, 농업 산업론, 지역경제론, 입지론, 농촌개발 등 다양한 경제학 관련 과목을 배우게 된다. 좀 어렵지?"

대부분 처음 들어본 이야기들이었지만 평소 농촌지역에 살고 있던 나로서는 관심이 가는 분야였다.

"전공에 따라 여러 세분화된 내용을 배우지만 하여간 농업을 중심으로 한 경제학을 배운다. 경제학 학위를 받는다."

"관련 활동을 한 것이 하나도 없는데……?"

"경제활동 없는 사람이 어디 있겠냐?"

"……?"

"다만 모르고 있을 뿐이지! 스쿨팜 활동이나 발효실험, 학교 축제에서의 농산물 부스, 설문조사 등이 모두 해당되는 일이다."

"그런가요?"

"그리고 이건, 앞으로 정말 유망한 분야가 될 것이다. 생명과학, 바이오, 환경 등 다른 분야 어디든 결합하여 시너지를 낼 수 있는 분야다. 대박이지."

"!!"

몇 가지 이야기를 더 듣고 '농경제사회학부'의 공부 내용과 진로에 대해 이해할 수 있었는데 의외로 내가 하고 싶은 분야의 일이 매우 많았으며 전혀 관련 없이 보였던 그간의 활동과 학습 내용이 그 진로에 부합하는 내용이 될 수 있겠다는 생각이 들었다.

교대를 가겠다 생각했던 때와는 다르게 강한 의욕과 투지가 생겼다. 교대 진학의 꿈은 정말 꿈처럼 삽시간에 사라지고 말았다.

로드맵

"계획이 필요하지."

K와 4월부터 11월까지의 학습과 진학 준비에 대한 계획을 의논했다. '악마는 디테일에 있다'는 말이 있다. 구체적인 합격 계획을 짜기 시작하자 여기저기서 문제점이 드러났다.

"네가 수능 최저 등급을 통과한다면, 합격 확률은 75% 정도 된다."

"그럴 리가!"

"통과 못하면 제로 퍼센트. 일반전형이나 농어촌으로 합격할 확률은 약 10% 미만이다. 그러니 최우선으로 할 일이 수능 최저 등급을 확보하는 일이다."

그러면서 과목별 학습 계획과 학습량, 시간까지 정해서 수능시험에 대비하도록 했다. 갑자기 분주한 일상이 되었지만 왠지 모를 자신감, 기분 좋은 욕구가 일었다.

"이건 네가 할 몫이다. 단순히 이것뿐이다. 나머지는 내가 도와줄 것이고 네가 조금만 하면 된다. 네 몫을 다해야 성공한다."

수능 모의고사에서 3~4등급, 어쩌다 2등급, 오르내리던 내가 과연 2등급 이내로 3과목을 성취할 수 있을까?

다음으로는 활동부분과 기록문제였다. 넓게는 경제학, 좁게는 농업경제학에 초점을 맞추어야 한다는 것에 나는 일종의 강박관념까지 가지고 있었다. 그것은 2학년까지 교대 진학을 희망하고 있었기 때문에 다른 경쟁 학생에 비해 전공적합성 관련 기록이 안 좋을 것이라는 생각과, 이를 보완하기 위해 해야 하는 활동이 무엇이 있을까 하는 걱정 때문이었다. 대체 어떤 활동이 농경제사회학에 딱 들어맞게 부합한단 말인가.

K의 생각은 약간 달랐다.

"전공 관련 활동에 너무 집착할 필요 없다. 네가 하는 모든 학습, 활동이 다 관련이 있는 일이다."

그리고는,

"2학년까지의 활동은 완성되었으니 변경이 불가하고 꼭 필요한 내용은 다른 서류 활용하고, 3학년 활동은 평상적으로 하되, 초점을 그 방향으로 맞추기로 하자."

이후 진행된 일은 몇 가지를 빼고는 정말 특별할 것이 없었다. 꼭 해야 할 일이 있다고 해도 할 수도 없는 환경이었지만 같은 활동이나 학습이 보기에 따라서, 그리고 내용을 심화하기에 따라서 어떻게 달라지는지 확실히 알 수 있었다.

예를 들어, 영어지문으로 공부한 '할당 표본 추출의 장단점-비확률적 표본추출방법 : 임의 표본추출, 판단표본추출, 할당표본추출, 누적표본추출'이 경제학에서 어떻게 쓰일 수 있나에 대한 공부, 한국지리 시간에 배운 운송비 체감현상 때문에 운송비 구조 그래프가 곡선모양이 된다는 등의 공부를 들 수 있다.

수학과 경제학은 서로 뗄 수가 없는 관련 학문임을 깨달을 수 있었다. '아는 만큼 보인다'는 말이 꼭 문화재 감상에만 국한된 말은 아니었다.

급하게 공부하고 그 내용을 깊이 있게 다듬느라 정신이 없었지만 이러한 일을 마치고 나자 전투에 참가할 어느 정도의 전투력을 갖추었다는 생각이 들었다. 3학년 1학기 '생기부'에는 어느 정도 경쟁력 있는 내용이 채워질 수 있겠구나, 하는 자신감이었다.

때마침 6월 모의고사에서 국어, 영어 2과목이 2등급에 진입하고 수학은 3등급을 찍었다. 전략상 탐구과목은 전혀 공부를 하지 않았으므로 평가와 판단의 대상이 되지 않았다.

이 지점에 이르자 어느 정도 자신감이 생겼지만 해야 할 일은 몇 배나 많아졌다. 다가온 기말고사, 학습과 활동의 정리를 통한 '생기부' 내용 기술, 그리고 곧 있을 자기소개서 쓰기, 수능대비 공부, 그리고 면접 과정도 돌아봐야 했다.

"할 일이 많다고 한꺼번에 다 할 수는 없지. 하나씩 하자."

순서와 비중을 정해 나갔다.

"기말 60%, 수능 30%, 활동 10%. 면접은 아예 잊어버려라."

기말시험은 바람대로 전교 일등을 찍었다. 이상하게 이전과 다르게 큰 스트레스도 없었고 실제 크게 힘들지도 않았다. '탄력이 붙은 모양이다.' K가 싱긋 웃었지만 내가 생각하기에도 내공이 한결 강해졌음을 깨달았다. 튼튼한 체력으로 서울대 합격의 일 단계를 통과한 것이다.

3학년 1학기 나의 '생기부'에는 내용성 있는 기록들이 만들어졌다. 참고할만한 내용을 적어보면 다음과 같다.

'세특-한국지리'

'수업 시간 자료로 활용되었던 운송비 구조 그래프가 곡선인 이유는 운송비 체감 현상 때문이라는 것을 접하고 경제 현상인 체감현상의 의미와 종류에 대해 알아봄. 총 운송비에 대한 수식을 조사해 기종점 비용이 있을 경우 직선인 그래프에서도 운송비 체감 현상이 나타나는 것을 알아냄. 곡선인 그래프는 기종점 비용이 없어도 운송비 체감 현상이 나타났는데, 이동거리가 증가할수록 단위 거리 당 연료 소비량이 감소하는 현상 등이 있었기 때문이란 것을 알게 됨. 실제 운송 산업에서는 이동 거리마다 단위 거리 당 운송비가 달라져 생기는 업무상 부담을 줄이기 위해 구간제 운임율을 적용하기 때문에 운송비 그래프가 계단식이란 것을 알게 됨. 수업시간에 농촌의 변화에 대해 배우면서 OO군에도 달라진 점이 있는지 알아보던 중 OO군의 스마트 팜에 대한 기사를 접하고, 스마트팜에 대해 알아봄. IT페로몬트랩의 원리와 자율 관수

시스템의 원리에 대해 수업시간에 친구들에게 발표하는 시간을 가짐. 또한 발표수업에서 최근 구매 결정 의사에 큰 영향을 끼치는 요소가 안전성이라는 사실을 근거로 기술 집약적 농업 방식을 통한 명품 생산으로 경쟁력을 확보하는 방안을 제시함.'

'미적분'

'함수를 단순히 집합 간 대응관계로 받아들이는데 그치지 않고 실생활에 유의미하게 활용할 수 있는 방법에 대한 자유 탐구 보고서를 작성해 수업시간 발표 자료로 활용함. 선형회귀분석이란 종속 변수와 한 개 이상의 독립 변수와의 선형 상관관계를 모델링하는 회귀분석 기법을 뜻함. 평균기온에 따른 우리 집 도시가스 사용량을 추정하기 위해 엑셀프로그램을 이용해 분산형 그래프를 그리고 추세선을 구해 가스 사용량에 대한 함수를 얻음. 얻은 함수를 이용해 월 별 가스 사용량을 추정할 수 있었음. 한편 평균기온에 따른 우리 집 전기 사용량은 회귀분석을 통해 함수를 추정했으나 결정계수가 0에 가까워 유의미한 추정이 아니었음. 탄력성이란 독립변수가 변할 때 종속변수가 변하는 정도를 뜻함. 탄력성을 구하는 공식은 한계값 나누기 평균값으로 정리되고, 이때 한계값은 미분을 통해 구할 수 있음. 이러한 탄력성은 정책이나 가격변동과 같은 요인이 시장에 끼치는 영향을 분석하는데 활용되는데 실제로 스쿨팜 활동을 통해 얻은 옥수수를 판매할 때 회귀분석을 이용해 수요함수를 추정하고 가격탄력성을 조사해 옥수수 가격 결정에 활용함. 수학을 활용하면 합리적인 선택을 내리는데 도움이 된다는 것을 알게 됨.'

'확률과 통계'

'수업시간에 배운 정규분포가 일상생활 속에서도 존재 하는지에 대해 알아보기 위해 두 가지의 주제를 선정하여 엑셀과 SPSS를 활용해 탐구를 진행함. OO고등학교 학생 95명을 대상으로 일주일간 일회용품 사용 횟수를 조사해 히스토그램을 만들고 자료를 활용해 평균과 표준편차를 구하고, OO고등학교 3학년 남학생 50명을 대상으로 신장을 조사해 평균과 표준편차를 구한 다음 두 자료가 정규분포를 따르는지 NORMDIST함수를 이용해 알아봄. 두 자료 모두 정규분포를 따르는지 판단하기 어려워 정규성 검사를 실시함. 자료가 정규분포로 적절히 변환되지 못하고 표본수가 적어 비모수검정법을 채택함. 정규성 검사 방법으로는 (특정한 분포를 지정하지 않고 막연하게 자료가 정규분포를 따르는지 파악하기 위해) IBM사의 SPSS 프로그램에서 지원하는 K-S Lilliefors 검정을 선택함. 일주일간 일회용품 사용 횟수의 유의확률은 0으로 자료가 정규분포를 따를 것이라는 귀무가설이 기각되어 정규분포를 따르지 않는다는 것을 알게 되었고, 3학년 남학생 신장의 유의확률은 0.2로 귀무가설이 기각되지 않아 정규분포를 따른다는 것을 알게 됨. 직접 조사한 자료를 이용해 정규분포를 그려보아 수업에서 배운 내용이 현실에 적용가능한지 알아볼 수 있었고, 자료를 통해 얻은 정보의 유용성을 따지는 과정에서 통계학은 존재할 뿐인 자료를 의미 있게 정리하여 유용한 정보를 얻고자하는 학문이라는 것을 알게 됨.'

그전의 '생기부' 기록과 비교하며 나는 갑자기 다른 세계, 다른 인간으로 살고 있다는 느낌이 들었다.

⌐자기소개서

방학이 시작되자 자기소개서가 기다리고 있었다.

내가 '자소서'를 준비하며 알게 된 자기소개의 내용은 그전과 확연히 달랐다. 그냥 '자기 소개'가 아니었다.

자기소개서는 고교 3년 동안의 학업과 활동의 결정판이며 그것을 바탕으로 한 심화 학습과 지식의 기록이다. 이런 얘기는 너무 거창하게 들릴지도 모른다. 하지만 이 과정에서 자신에 대한 새로운 성찰, 검증, 공부가 이루어진다.

'어떻게' 쓸 것인가? 이것은 그리 중요하지 않았다. 내가 가장 주의를 기울인 부분은 '무엇을' 쓸 것인가, 였다.

K와 나는 그간에 했던 공부와 활동을 하나하나 기록장에 기록했다. 아무 것도 없어 보였던 '생기부'의 내용이 기록장으로 옮겨오며 빽빽한 활동으로 되살아났다.

예를 들면, 교대를 지원하려던 시절, 교육에 대한 관심과 이해도를 설문조사 한 것이 있었다. '생기부'에는 두 줄로 간단하게 작성되어 있었다.

그 내용을 새롭게 조명하고, 상세히 기술하자, 매우 풍부해졌을 뿐만 아니라, 기억하지 못한 새로운 사실까지 떠오르고, K와 그 의미를 분석, 반추하는 동안에 이 남루한 기록은 다시 없을 창의적 학습의 기회를 제공하게 되었다.

"이건 별 것 없는 활동이었어요. 기껏해야, 2학년 아이들 몇 개 반 대략 100여명 학생들에게 받은 설문이고 지금 보니 설문의 내용이나 분석, 통계 과정이 다 주먹구구식으로 작성된 겁니다."

실제로 그랬다. 무언가라도 한 번 해야 할 것 같아서 교대 진학을 희망하는 아이들과 설문조사를 한 것이 전부였고 그 항목이나 배열이 생각나는 대로 적은, 허술하기 짝이 없는 활동이었다.

"그래도 하긴 했잖아?"

K는 웃으면서,

"어떻게 분석했어?"

"항목별로 나누어 어느 항목이 많구나, 이렇게 했죠."

"어디에 썼어?"

"그게 끝이어요. 어디 써먹을 데도 없더라구요."

"지금이라면 어떻게 하겠니?"

"지금은 더 잘할 수 있죠. 분석이나 통계나, 그리고 설문의 의미도 잡을 수 있고."

"지금 해봐."

"어떤 식으로요?"

"회귀분석이라고 있잖아? 카이제곱검정이라고 하지. 지금 공부해서 새롭게 재구성해봐."

공부하는 재미가 이렇게 쏠쏠한지 그 과정을 통해 알게 되었다. 생전 처음 들어본 카이제곱 검정은 통계를 어떻게 활용하는지 제대로 알 수 있는 공부가 되었다. 수학의 가치를 새롭게 깨닫게 된 순간이었다.

'(전략) 저는 직접 학과 계열과 교육정책에 대한 관심 간의 독립성을 검증하기 위해 교차 테이블을 작성하고 기댓값과 카이 제곱 값을 구한 다음 카이 제곱 값들의 총합과 카이제곱 분포의 자유도를 구해 보았습니다. 그리고 카이제곱분포 표에서 자유도가 2이고 유의수준이 5퍼센트일 때의 카이 제곱 값을 찾아 앞서 구한 카이 제곱 값들의 총합을 비교해보니 학과 계열과 교육정책 관심 간에 연관성이 없다는 귀무가설이 기각된다는 사실을 알게 되었습니다. 이후 컴퓨터 프로그램 SPSS를 활용한 교차분석을 통해 유의 확률을 구하여 직접 구한 결과가 옳게 구해졌는지 확인할 수 있었습니다. (후략)'

"와우!"

K는 흡족한 표정이었다.

"기대 이상, 완벽한 기술이다!"

K보다 사실 내 자신이 더 흡족했다. 남루한 활동 하나가 새롭게 재탄생되는 순간이었다.

이렇게 하나의 원리를 습득하자 이런 내용을 적용시킬 수 있는 상황은 너무나 많았다. 앞서 '생기부'의 내용으로 적은, '일회용품 사용횟수'나 '3학년 학생들의 신장' 등은 모두 이것을 활용한 활동이었다. 나는 짧은 기간 동안에 아주 다른 내가 되어 있었다.

내심 흡족하기도 했지만 서울대 합격에 대한 자신감이 한층 높아졌다.

이런 자신감은 자연히 강력한 수능공부의 원동력이 되었다.

▎살아있는 활동, 나만의 기록

"이건 뭐니?"

"교내 노작활동으로 학교 농사를 했습니다."

'생기부'에는 '노작 활동'이라고 적혀있었다.

"노작?"

"스쿨팜입니다."

"요즘도 '노작', 이런 말을 쓰는구나. 하하. 그걸 왜 했어?"

"시간도 좀 있었고 농촌 지역이나 농사체험도 좋을 것이라 생각했습니다. 그리고 얼마간 돈이라도 좀 벌 수 있지 않을까 생각한 것도 있습니다."

"뭘 심었니?"

"옥수수, 호박, 감자……, 구찌뽕, 여러 가지 해봤습니다."

"얼마 벌었니?"

"하하."

먼저 웃음이 나왔다. 생각할수록 기가 막힌 일이었다. 6명이 가을까지 농사를 해서 실제 번 돈은 10만원이었다. 그것도 옥수수만 겨우 팔렸을 뿐이다.

"누가 샀어?"

"학교 선생님들요."

"재미있는 경험이구나. 그걸 써봐."

몇 번이나 고치고 다시 쓰고 한 끝에 그 이야기가 완성되었다.

내용 중에 다음과 같은 내용이 있었는데, 그 대목을 읽으면서 K는 큰소리를 내어 웃었다.

'(전략) 호박덩굴과 고구마줄기가 잘 자라고 잡초걱정을 덜고 비도 자주 와 물을 줄 필요도 없었지만 문제는 따로 있었습니다. 호박덩굴의 바다에서 호박을 찾는 일, 찾아 옮기는 일, 구매자에게 배달하는 일. 이 세 가지 일은 간단명료하지만 터무니없이 힘든 일이었습니다. 호박은 서리 전까지 5차례 수확했는데 호박을 수확하는 동안 새로운 호박이 자라났기 때문입니다. 설상가상으로 고구마는 늦은 수확으로 무처럼 커져 땅에서 바위를 빼는 것처럼 힘든 작업이 되었습니다. (후략)'

"완전 살아있구나!"

내친 김에 3,4 번 항목을 끝냈고 이 내용은 도합 12번 이상의 교정과 재작성을 통해 이루어졌다. 그 한 단계마다 매우 심오하고 어려운 교과 과정, 특히 수학과의 관련성에 매달려야 했다.

복잡하고 어지러운 정보와 단서와 문장들이 빼곡했던 초기의 '자소서'는 점차 횟수를 거듭하면서 매끈하고 알찬 모습으로 바뀌어 갔다. 마치 건축자재를 잔뜩 쌓아두고 하나하나 꺼내서 건축물을 짓는 식이었다. 마지막 건축물이 만들어지자 어지러웠던 주변이 말끔히 정리되고 멋진 건물이 세워졌다.

K는 흡족한 표정이었다.

"더 이상 잘할 수 없다. 이것으로 됐다."

약 4주간에 걸친 '자소서' 작성이 끝나는 순간이었고 K는,

"수능만 통과하면 이미 합격한 것이나 다름없다."

합격을 자신했다.

실전

9월 모의고사에서 2등급을 찍으며 성공가능성을 한층 높였다. 탐구를 제외한 국영 과목에서 모두 2등급, 수학은 2등급에 가까운 3등급을 받았다. 이제까지의 경험으로 탐구는 웬만하면 2등급을 받아 왔으므로 전체적으로 가능권에 이른 것이다.

"이 추세로, 이 정도면 정시가 배수의 진이 될 수도 있겠다. 그러나 수시에서 승부를 본다."

더욱 최저 등급 충족을 위한 수능공부에 매진하겠다는 열의가 충만했다. 하지만 모든 일이 생각대로만 진행되는 것은 아니었다. 아 생각지도 못한 복병이 있었던 것이다.

수시 입시 발표가 나기 시작했다. 내가 지원한 대학은 서울대(농경제), 연대(경제), 고대(경제), 한양대(파이낸스경영학), 성균관대(경제), 서강대(경제)

였다.

K가 말했다.

"서울대, 고대, 서강대 정도 합격 가능성 높고, 연대, 성대 상대적으로 가능성 낮고, 한양대는 알 수가 없다."

나는 적이 의아했다. 서연고 순으로 가능성이 낮아야 맞는 것 아닐는지.

"장담은 아니지만, 두고 보면 안다."

K는 알 듯 모를 듯 혼잣말처럼 했다.

그리고 놀라운 일이 연이어 일어났다.

가장 쉽게 보았던 한양대학교 파이낸스 경영학과에서 탈락한 것이다. 그것도 교과 전형으로.

학교의 실력이 어찌되었든, 1등급 극상위권으로 교과만으로는 더 이상 좋을 수 없는 성적이었는데 여지도 없이 탈락한 것이다.

그 충격이라니.

한양대 환산점수로는 완벽하게 1.0 등급이다. 나는 아직도 떨어진 이유를 찾지 못했다. 전형요소로 보자면, 더 이상 좋을 수가 없는 등급이었기 때문이었다.

괜찮다. 위로해주는 친구들의 이야기를 들으면서도 애써 덤덤하게 말한 것은 실은 자기 자신에 대한 위로였다. 말은 그렇게 했지만 그러나 그 충격은 말할 수 없이 컸다. 당연히 수능공부가 손에 잡히지 않았다.

이후 연대, 서강대, 성균관대까지 모두 불합격을 받았다.

"하, 이런, 그게 사실이니?"

"잘못 본 것은 아니니?"

입을 쩍 벌린 것은 내가 아니라 내 주변의 선생님, 친구들이었다.

"………."

비로소 공포가 밀려왔다. 내가 지원한 대학 중 가장 약한 대학이 바로 한양대, 서강대였다. 그 위로 성균관대, 연세대, 고려대, 서울대가 내가 지원한 대학이다. 이런 거창한 지원의 든든한 빽그라운드는 내신 1.09라는, 경이적인 성적이었다.

한양대와 마찬가지로 분석이 되지 않았다. 여러 설이 분분했지만 K는 '보이지 않는 손, 학교 등급제'라고 운을 떼었다.

"학교등듭, 그 정도는 아니더라도 최소한 대학에서는 선호하는 고등학교가 있지. 그리고 네 학교와 너의 성적 분석도 마쳤을 텐데 표준편차, 평균점수, 이수 학생 등 참고하면 수준이 어느 정도 나왔을 것이고……."

담담히 말했다. 내가 다닌 고등학교는 앞서도 말했듯이 지방 고등학교로 입시성적은 매년 형편없었다. 그런 자료들이 대교협에, 각 대학에 수북이 쌓여있을 것이라는 생각을 했고, 그런 얘기를 들었고, 달리 추리할 것이 없었던 나는 그렇게 짐작하는 수밖에 없었다.

탈락이 이어지면서 공포는 증폭되었다. 정신이 하나도 없을 지경이었다. '맨붕'이라는 표현 외에는 달리 적합한 단어가 없었고, 머리에는 오직, '재수'라는 단어만 떠올랐다.

"기다려. 바위처럼."

K는 그런 상황에서도 다소 의연한 자세였지만 탈락이 이어지면서 걱정스러움이 조금씩 묻어났다.

그 와중에 고려대학교 1차 합격하고 면접을 치렀다. 제시문과 토론으로 치르는 면접이었는데 K와 많은 준비를 하고 면접에 임했다. 위기에서는 자신도 알 수 없는 신비한 힘이 작용하는 모양이었다. 스스로 생각하기에도 뛰어난 순발력과 기억력으로 썩 잘 치른 것으로 느껴졌다.

"다음은 서울대."

착실히 면접 준비를 해나갔다. 특별히 어려운 면접은 아니어서 고려대만큼 공을 들이지는 않았지만 내가 한 학습과 활동에 대한 연관지식, 확장과정 등을 꼼꼼하게 공부하고 익혔다.

그리고 수능이 코앞에 다가왔다.

불수능

실제로 어떻게 수능 시험을 치렀는지는 잘 모르겠다. 그저 신들린 것이 아닌지 모르겠다. 모두가 어렵다는 '불수능'을 맞아 정신이 아득한 느낌이었다. 시험을 치른 후에는 더 아득해져서 잠시 정신을 가다듬어야 했다.

저녁에 정신을 차리고 차분하게 정답을 맞추어보았다. 떨리는 마음으로 등급을 확인했다.

1-1-2-2-2!

온 몸의 맥이 풀렸다. K에게 바로 문자를 타전했다.

"됐다!"

K가 기쁘게 외쳤다. 하지만 나는 면접이 남았다는 부담감이 있었고, '합

격한 것과 다름없다'는 K의 말도 믿기 어려웠다.

내게 남은 기회는 고려대 최종 발표를 제외하고 이제 단 하나였다. 열심히 면접 준비를 하는 수밖에 없었기 때문에 죽어라고 면접 준비를 했는데, 면접은 의외로 아주 싱겁게 끝나고 말았다.

이후 오랜 기다림 끝에 나는 학교와 부모님, K에게,

'서울대 19학번 김주영입니다'라고 기쁜 소식을 문자로 전할 수 있었다. 온몸에 맥이 쏙 빠졌다.

극적인 새로운 출발이 그렇게 시작된 것이다.

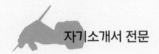 자기소개서 전문

1. 고등학교 재학기간 중 학업에 기울인 노력과 학습경험에 대해 배우고 느낀 점을 중심으로 기술해 주시기 바랍니다. (1,000자 이내)

2학년 때 교육에 대한 주제탐구 자료수집의 일환으로 학교 2학년 인문계, 자연계 각 60명을 대상으로 교육정책 만족도 설문조사를 시행했습니다. 조사 결과 자연계 표본 집단이 인문계 표본 집단보다 교육정책에 더 많은 관심이 있었고, 이로 인해 자연계 학생들이 교육 관련 정보에 대한 수요가 더 크다고 판단할 수도 있었지만, 120명은 어디까지나 표본 집단이기 때문에 학과 계열 간 교육정책에 대한 관심에 유의미한 차이가 있는지 정확히 알 수 없어 섣불리 결론을 내리지 못했습니다.

이 문제를 해결할 방법을 찾던 중 통계 기법의 하나인 범주형 자료 분석 기법, 카이제곱 검정을 알게 되었습니다. 카이제곱 검정은 관측 빈도가 기대 빈도와 의미 있게 다른지의 여부를 검증하기 위해 사용되는 검증 방법이며, 독립성 검정, 적합도 검정, 동일성 검정 등의 유형으로 분류되고, 실제로 성별과 연령대, 직종과 정당 선호도 간 연관성 조사에 활용될 수 있다는 것을 알 수 있었습니다.

저는 직접 학과 계열과 교육정책에 대한 관심 간의 독립성을 검증하기 위해 교차 테이블을 작성하고 기댓값과 카이 제곱 값을 구한 다음 카이 제곱 값들의 총합과 카이제곱 분포의 자유도를 구해 보았습니다. 그리고 카이제곱분포 표에서 자유도가 2이고 유의수준이 5퍼센트일 때의 카이 제곱 값을 찾아, 앞서 구한 카이 제곱 값들의 총합을 비교해보니 학과 계열과 교육정책 관심 간에 연관성이 없다는 귀무가설이 기각된다는 사실을 알게 되었습니다. 이후 컴퓨터 프로그램 SPSS를 활용한 교차분석을 통해 유의 확률을 구하여 직접 구한 결과가 옳게 구해졌는지 확인할 수 있었습니다.

수학의 좋은 점은 우리가 직관적 또는 감각적으로 판단하는 일을 정확한 과학적 정보의 형태로 확인할 수 있는 점이라 생각합니다. 경험은 직관에 작용하지만, 수학은 과학에 작용한다는 것을 알았습니다. 수학은 과학 이외에도 경영, 경제, 사회 등 전 분야에 활용되며 특

히 직관과 경험 중심의 경제학에서 매우 유용하게 사용되는 도구임을 확인하였습니다.(1000)

2. 고등학교 재학기간 중 본인이 의미를 두고 노력했던 교내활동을 배우고 느낀 점을 중심으로 3개 이내로 기술해주시기 바랍니다. 단, 교외활동 중 학교장의 허락을 받고 참여한 활동은 포함됩니다. (1,500자 이내)

2학년 때 시작해 지금도 진행 중인 '스쿨팜 활동'은 여러 면에서 저에게 많은 전환점이 되었습니다. 활동 초, 척박한 환경에서도 잘 자라고 기르기 쉬운 옥수수를 주요 작물로 정하고 230주를 심었습니다. 가뭄에 마르고, 태풍에 쓰러지는 고난 끝에 300개 이상의 옥수수를 수확하였는데, 처리가 곤란하던 터에 학교 선생님들께서 옥수수를 구매해주셨고 저희는 10만 원을 받았습니다. 시중 가격 대비 부당한 값도 아니었고 저희가 돈을 바라고 한 것도 아니었지만 왠지 허탈한 마음이 들었습니다.

여섯 명이 수개월 노동한 결과가 10만 원이 된 까닭을 가격, 생산량과 관련하여 찾아보고 이윤이 최대가 되는 옥수수 가격, 생산량을 구하기 위해 이윤함수를 활용하기로 했습니다. 이윤함수는 총수입함수에서 총비용함수를 뺀 함수입니다. 총수입함수는 역수요함수에 수요량을 곱해 구할 수 있어 설문조사로 역수요함수를 구하려 했으나 실패했고, 총비용함수에서는 한계비용 체증의 법칙이 나타나 함수를 구하기 어려웠습니다.

그러다가 이달의 학급 추천도서였던 '통계의 힘' 책을 읽고 회귀분석이란 '하나나 그 이상의 종속변수에 대한 독립변수의 영향 추정을 할 수 있는 통계기법'이란 것을 알고, 이를 활용할 수 있겠다고 생각했습니다. 회귀분석을 충분히 숙지하기 위해 월평균기온을 독립변수로, 월 가스 사용량, 전기 사용량을 종속변수로 하는 회귀 모형을 각각 만들어 보는 것으로 이를 연습하고 실제 과정으로 넘어갔습니다.

판매가를 독립변수, 옥수수 수요량을 종속변수로 하는 회귀모형을 만들어 분석한 결과 결정 계수가 약 0.65로 변수 간 대략적인 상관관계가 있다고 판단하였고, 엑셀의 추세선 기능을 활용, 수요함수를 추정해 총수입 함수를 결정하고, 옥수수 생산량을 독립변수로 하고 비용을 종속변수로 하는 회귀모형을 만들고, 결정계수를 고려해 총비용함수를 결정할 수 있었습니다.

최종적으로 총수입함수에서 총비용함수를 빼 이윤함수를 구하고, 밭에서 얻을 수 있는 옥수수 생산량으로 정의역을 설정해 이윤의 최댓값을 구했으나 그 값이 음수여서 옥수수 가격과 생산량을 조절해도 이윤을 얻을 수 없다는 결론을 내릴 수 있었습니다.

원인을 분석해보니 암묵적 비용이 수입을 압도적으로 초과하여 문제가 발생했음을 알게 되었고, 적합한 해결방안을 찾아보았고, 농기계를 이용해 소요시간을 줄여 최저시급을 기준으로 하는 암묵적 비용을 줄이는 방안을 찾을 수 있었습니다. 농기계 임대 사업센터 홈페이지에서 필요 농기계의 사용료와 농기계의 작업 시간을 조사하여 다시 사업 모델을 만든 결과 총비용이 이전 대비 약 79.41퍼센트 절감되었고, 약 1,584,290원의 이윤이 발생할 것으로 예측할 수 있었습니다.

저희는 경제적인 분석과 예측 과정을 거치지 않고 무지한 상태로 농사를 시작했고, 한계비용이 생산량과 상관없이 한계수입보다 항상 커 둘의 일치가 불가능하다는 사실을 몰랐습니다. 경제학의 중요성을 새삼 깨닫는 계기가 되었고 수학과 통계학이 이렇게 경제학에서 활용된다는 것을 체험적으로 알게 되었습니다.(1498)

3. 학교생활 중 배려, 나눔, 협력, 갈등관리, 리더십 발휘 등을 실천한 사례를 들고 그 과정을 통해 배우고 느낀 점을 기술해주시기 바랍니다. (1,000자 이내)

농사에 관심이나 경험이 있는 학생들을 모아 드림팀을 구성하고 자율동아리를 만들어 농사를 시작했는데 정말 '드림'팀이 되었습니다. '꿈같은 농사'는 꿈에 불과했습니다. 농사는 결국 노동이었고 노동에 모두가 지쳐 점점 나오기 싫어했습니다. 제일 힘들었던 것은 물 주기와 잡초 뽑기입니다. 물뿌리개로 농수로에서 떠온 물을 뿌리는 일을 일주일에 5시간, 세달 반복하니 모두에게 한계가 찾아왔고, 옥수수 수확이 코앞이니 힘을 내자고 모두를 다독였습니다. 고된 옥수수 수확 후 모두 포기상태에 빠졌지만, 가을에 얻을 고구마와 호박이 있어 농사를 이어나가야만 했습니다.

늦여름부터는 호박 덩굴과 고구마줄기가 잘 자라 잡초걱정을 덜고 비도 자주 와 물을 줄 필요도 없었지만 문제는 따로 있었습니다. 호박 덩굴에서 호박을 찾아 옮기고 배달하는 일은 단순하지만, 터무니없이 힘든 일이었고 서리 전까지 5차례나 수확했는데도 수확하는 동안 새로운 호박이 자라났습니다. 설상가상으로 고구마는 늦은 수확으로 무처럼 커져 수확이 땅에서 바위를 빼내는 것처럼 힘들어졌습니다. 고생 끝에 얻은 수확물을 일부 판매하기도 하였지만 수요가 낮아 대부분을 지역사회에 기부했습니다. 이 농사체험은 다시는 농사를 짓고 싶지 않다는 역작용을 만들었습니다.

이 과정에서 능력과 자질을 갖추지 못한 계획 없는 리더는 사업을 망치고 팀원들을 힘들게 할 수 있다는 것을 깨달았습니다. "당나귀 한 마리가 이끄는 사자 떼보다 사자 한 마리가 이끄는 당나귀 떼가 훨씬 뛰어나다"는 조지워싱턴의 말을 이해할 수 있었습니다.

이후 시장조사와 계획의 부재, 인력낭비 등을 실패의 주요 원인으로 보고 탐구보고서를 작성하여 해결방안을 탐색했습니다. 이를 통해 2인조를 구성해 교대로 밭을 관리하고 인력이 낭비될 만한 활동은 지양해 총 업무량이 약 80퍼센트 줄었으며, 홍보를 통해 고객을 확보하고 예약 판매제를 시행해 경제적 이윤이 약 125.7퍼센트 증가했습니다. 비록 작년의 동아리활동은 실패했지만 성공을 위한 좋은 경험이 되었다고 생각합니다.(1000)

4. 고등학교 재학 기간 (또는 최근 3년간) 읽었던 책 중 자신에게 가장 큰 영향을 준 책을 3권 이내로 선정하고 그 이유를 기술하여 주십시오.

▶선정이유는 각 도서별로 띄어쓰기를 포함하여 500자 이내로 작성

▶선정이유는 단순한 내용이 요약이나 감상이 아니라, 읽게 된 계기, 책에 대한 평가, 자신에게 준 영향을 중심으로 기술

① 왜 세계의 절반은 굶주릴까? / 장 지글러 / 유영미

'성취는 개인의 능력이나 노력에 달려 있다.'라는 말은 제가 오랫동안 가지고 있던 생각 입니다. 때문에 저는 기아 문제를 겪는 사람들을 노력 없이 도움만 바라는 사람들이라고 생각했습니다. 그러나 유니세프 홍보 강의에서 노력이 쉽게 무산되고, 심지어 노력할 기회조차 없는 세계의 사람들을 접하고 나서 평등한 기회와 정의에 대해 다시 생각해보았습니다. 그러다 홍보대사로부터 이 책을 추천받았는데 현재 지구의 식량 생산량은 기아를 해결하고도 남으며, 몇몇 집단은 이익을 위해 일부러 대량의 식량을 폐기한다는 것을 알고 충격을 받았습니다. 이를 통해 현대의 기아는 단순히 식량이 부족한 것만이 아닌 정치, 경제, 종교 문제 등이 연관된 복합적인 현상이라는 것을 알게 되었습니다. 이후 이윤추구를 위해 식량 공급량을 줄이려는 입장과 생존을 위해 식량 공급량을 확보하려는 입장을 조율할 수 있는 방안에

대해 고민하였고 이를 위해 시장경제에 대한 폭넓은 시야와 풍부한 지식이 필요하다는 것을 깨달았습니다.(500)

　②그림 속 경제학 / 문소영

　도서관에서 마주친 이 책은 제목부터 범상치 않았는데, 그리스도의 모습을 담은 그림, 원숭이무리가 튤립을 들고 난리를 피우는 그림, 활기찬 항구의 모습을 담은 그림에서 제가 느낄 수 있었던 것은 '잘 그렸다.' 정도였습니다. 하지만 그 그림 속에서 독점문제, 버블경제, 중상주의를 이끌어내는 필자를 통해 경제학과 경제사에 대한 핵심적인 지식을 얻을 수 있었습니다. 특히 튤립과 원숭이가 그려진 그림은 최근 화제였던 가상화폐가 연상되어 가장 와 닿았습니다. 투기로 인한 집단 몰락은 역사적으로 반복되고 있습니다. 그 이유는 사람들이 과거의 교훈을 잊어서가 아닌, 살기 힘들수록 고위험 투자에 손을 대는 비이성적인 경향이 있기 때문이라고 생각합니다. 따라서 실질적으로 집단 몰락을 막기 위해서는 투기 규제 이전에 서민 경제 안정이 선행되어야 한다는 결론을 얻게 되었고, 경제를 주도하는 리더의 중요성을 깨달았습니다. 이후 저는 경제 안정을 위해 헌신하는 경제전문가가 될 것을 다짐하게 되었습니다.(499)

③ 빅데이터를 지배하는 통계의 힘 / 니시우치 히로무 / 신현호

　'빅데이터'라는 단어는 언제부터인가 신문과 잡지, 인터넷에 자주 등장하였고, 그저 '좋은가보다'라는 막연한 생각을 가졌습니다. 하지만 학급 추천도서였던 이 책에서 빅데이터의 의미와 통계의 활용에 대한 구체적인 설명을 얻을 수 있었습니다. 빅데이터란 일차적으로는 양이 방대해 종래의 방법으로는 수집, 저장, 검색, 분석하기 어려운 데이터이며, 이차적으로는 그런 데이터를 여러 기법을 이용해 유의미한 정보로 만들어내는 과정을 말합니다. 책에서는 통계기법과 통계학의 활용사례를 소개했는데, 그중 회귀분석을 이용해 평균기온에 따른 우리 집 월 가스 사용량을 예측할 수 있었습니다. 또한 책에서 소개한 도요타의 '가이젠'을 통한 부분최적화의 개선 방법을 스쿨팜 활동에 활용하기도 했습니다. 관리의 정도를 조절할 때 작물의 생존율을 바탕으로 최소한의 관리 정도를 파악해 소요시간을 최소화하였고, 이는 투입 절감으로 이어졌습니다. 빅데이터의 의의와 통계학적 리터러시의 필요성을 깨닫는 경험이 되었습니다.(499)

알고리즘 행성여행자들을 위한 안내서

카이스트 합격

알고리즘 행성여행자들을 위한 안내서

이동섭, 카이스트 합격, 아주 좋은 등급

수학책의 "~라고 가정하자"는 구절이 떠올랐습니다. 카드 수를 무한대라고 가정하자 많은 제약이 사라졌고, 계산이 간단해졌습니다. 이를 통해 적당한 값을 구했고, 그 값이 통계적 확률과 근사하다는 것을 알게 되었습니다. 이 확률을 기초로 가능한 세트 종류 각각의 확률을 구한 값을 활용하여 가장 빠른 시간 안에 세트를 찾을 수 있는 전략을 세울 수 있었습니다. 복잡한 문제를 만났을 때, 적절한 직관을 통한 간단한 가정이 효과적으로 차선의 해결책을 줄 수 있다는 것을 깨달았습니다.

누구나 살아가면서 한 가지 분야에 대해 특별한 관심과 흥미를 갖기 마련인 모양이다. 여행, 게임, 영화, 사업 등에 빠지는 사람들이 있지만 나는

'컴퓨터'에 빠지고 말았다. 일학년 때는 생명공학자가 되겠다는 꿈을 가지고 있었지만, 그 꿈은 사실 내 것이 아니었다. 이른바 '뜨는 직업', '취업에 강한 직업'이나 다른 사람 다수가 희망하는 것이 좋은 것이 아닐까, 하는 막연한 생각의 결론이 생명공학이었던 것이다.

2학년 때 교내 정보화경시대회에 참가하여 동아리에서 공부한 '스크래치 프로그래밍'을 활용하여 가속도 경주 게임을 설계한 적이 있는데 이것이 내 안에 잠재돼있던, 컴퓨터에 대한 강한 흥미를 격발시켰다.

참고로, 스크래치(Scratch)는 그래픽 환경을 통해 컴퓨터 코딩을 할 수 있도록 설계된 프로그래밍 언어로 스퀵을 기반으로 스몰토크 언어로 작성된다.

생각한다는 것은 무엇일까.

"생각한다는 것은 무엇일까?"

'생각'을 '생각'하는 이상한 논리 구조에 빠졌지만 이건 매우 흥미로웠다. 생각한다는 것을 전반적으로 규명하는 것은 어렵겠지만 나는 이러한 고민 덕분에 생각의 구조에 대해 좀 더 가깝게 다가갈 수 있었다.

'알고리즘 행성 여행자들을 위한 안내서'를 읽었는데. 간단히 말하면 문제를 해결하기 위해 적합한 방식을 찾아가는 방법이었다. 그러니 이 '알고리즘'을 잘 이해하고 구사할 수 있으면 똑똑해질 수 있다는 결론에 이르게 된다. 책에서는 그래서, 과학의 출발에는 '직관'이 있는 법이지만 '다양한 문제를 알고리즘적으로 보도록 노력' 하기를 권하고 '문제를 어떻게 생각할 것인가', '문제에 대해 생각하는 방식에 대해 다시 생각할 것은 없는가'를 묻는다. 결정적으로 이러한 방식은 '알고리즘적으로 사고하는 법'이며, 그리고, '알고리즘이야말로 우리가 가진 창의성을 발현하며 그것을 보여줄 수 있는 예가 된다'는 것이다. 좀 어려웠지만 생각의 방법을 정리하면 이해할 수 있는 일이었다.

그림을 덧붙인 설명도 있었는데 〈참고〉와 같다. 최단거리를 찾아내는 네비게이션 구조를 도식화하면, 2차원의 지도를 그물 건지듯 위로 당겨 최단거리를 금세 발견할 수 있는 구조였다.

이렇게 새로운 방식의 생각이 있었다니!

앞서 얘기한 프로그래밍을 통해 알고리즘을 이해하고 프로그래밍을 해나가면서 파이썬, C언어로 공부 영역을 확장했다. 2학년 때 '교내 정보화 경진대회'에서 소프트웨어 분야 은상(2위)을 수상하고 내용이 비슷한 많은 교내 대회에 참가하여 연거푸 입상하였다. 수리 창의성대회나 수학 교과 최우수상 등을 받게 되었는데, 알고리즘의 기원과 바탕이 수학이었으므로 나는 자연히 수학에 대한 남다른 흥미와 관심을 갖게 되었고, 좋은 수학성적은 그 결과로 당연히 얻을

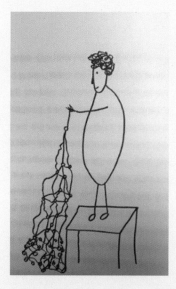

수 있는 것이었다. 단순히 시험성적 뿐만이 아니라 수학, 과학 등 교과 관련 학문에 대한 깊이가 깊어지면서 좋은 성적과 아울러 '쏠쏠한 공부 재미'를 느낄 수 있었다.

이즈음부터 나의 교내 활동은 다방면으로 활발해졌다. 흥미가 있었기 때문이다. '전남과학 축전', '전남수학축전', '과학창의 캠프', '정보화 경시 대회' 등의 행사에 연구와 자료 등을 가지고 참가하였는데 연구 과정 자 체가 과학, 수학, 컴퓨터에 관한 지식을 깊게 해주었다.

동아리 활동도 수학동아리(VERITAS), 과학동아리(메카트로닉스), 디스차 아지 등을 만들어 피타고라스 심화 연구, 미적분의 활용, 무선전력 송신장 치의 제작, 대기압 저온 플라즈마를 이용한 식물의 성장속도 탐구, 무인자 동차의 오감센서에 대한 이해 등 많은 분야에 대해 공부하고 실험하여 지 식을 쌓았다.

그 일부에 대한 내용은 다음과 같다.

'자율활동'

'전남과학축전에 참가해, '채워지지 않는 잔'이라는 주제로 부스를 운영함. U자형으로 구부러진 빨대에 내부와 외부의 압력차이로 인해 물이 빨려 들어 가는 현상을 초중등학생들에게 알기 쉽게 알려주고 이미 알고 있는 내용의 설 명을 위해서는 현상에 대한 본질적 이해가 필요함을 깨달음. 과학창의 캠프에 서는 분과학적인 접근이 아니라 여러 학문을 융, 복합하여 하나의 현상을 다

각도로 깊이 설명하는 강의를 인상 깊게 듣고 빛과 양자역학에서 빛의 이중성에 관심이 생겨 관련 책을 읽는 계기가 됨.'

인공지능과 기계학습, 그리고 강화 이론!

결론적으로 다다른 방향은 '인공지능'이었다. 이미 컴퓨터가 세상의 모든 시스템, 기기, 생활과 결합되어 있다는 사실을 모르는 사람은 없을 것이다. 그러나 마침내 이 컴퓨터의 시대는 새로운 차원의 세계를 만들 단계에 왔는데 그것의 상징이며 기폭제가 '인공지능'이라는 것을 깨닫게 되었다.

책은 지식의 보고다. 인공지능의 핵심적 학습기능에 대해 배워보고 싶었는데 '처음 배우는 머신러닝과 딥러닝'을 권유받았다. 이 책에서 나는 인공지능의 학습 기능에 대한 기본적인 개념을 확립할 수 있었다. 강화학습과 인공지능망에 대한 설명을 통해서였다.

강화학습을 이해하기 위해서는 강화이론을 알 필요가 있는데, 이는 스키너의 행동심리학에서 다룬 주제로, '스키너 상자'에 쥐를 넣고 이 생쥐가 환경상태에 따라 반응양식을 습득하고 강화해나가는 방식을 설명하고 있다. 잘하면 먹이를 얻고, 못하면 전기 자극을 받는 방식이다. 행동에 따른 보상, 이를 기반으로 한 강화과정을 설명하고 있는데 이는 인공지능의

머신러닝 학습과정에 응용된다.[2]

곰이나 개미핥기가 개미굴에 자기 손(또는 혀)을 넣었다 뺐다 하면서 개미를 잡아먹는 장면을 볼 수가 있는데 곰에게는 이것이 일종의 학습이다. 곰이 개미굴에 손이나 나뭇가지를 넣었다 뺐다 하는 행위로 인해 개미(먹이)라는 '보상'을 얻는 것이다. 곰은 이 보상 때문에 이 행위를 반복적으로 하게 된다. 이러한 내용을 computer scinece나 robot engineer에 대응하여 생각해보면 인공지능 '알파고'의 자기 훈련과정을 이해할 수 있다.

이러한 강화학습은 일반적 지도학습과는 다르게, 행위가 끝난 뒤에 이 결과를 놓고 잘 했나 못 했나를 판단하게 된다는 것이다. 예를 들어, 컴퓨터가 행한 모든 행위에 대해서 결과 값을 '승리', '패배', '무승부' 3가지 결과로 나타내고 이 결과에 따라 보상을 적당히 '분배' 하면 끝나게 된다.

이러한 과정을 통해 인공지능은 기계학습을 스스로 해나가는 것이고 이러한 연산, 훈련이 오래 될수록 가장 이상적인 방법을 습득하게 되는 것이다. 알파고가 이세돌은 이긴 것은 이러한 과정을 통해서이다.

지도학습의 범위 내에서 입력 값에 대응하는 출력 값을 빠른 속도로 연

---

2) 강화형 기계학습은 지도형/비지도형 기계 학습에 이용되는 훈련 데이터 대신, 주어진 상태에 맞춘 행동의 결과에 대한 보상(reward)을 준다. 컴퓨터는 보상을 이용하여 성능을 향상시킨다. 주로 게임이나 로봇 제어 등에 적용된다. 예를 들어, 체스를 두는 컴퓨터 프로그램을 학습시킬 때, 경우의 수가 너무 많고(약35의 100승) 정해진 하나의 답이 없으므로, 학습 훈련 데이터로 입력(주어진 상태)에 대한 출력(가장 적절한 행동)을 제공하기는 쉽지 않다. 하지만 체스 게임이 종료되면 그 직전에 둔 일련의 수(手, 행동)들이 좋았는지 나빴는지를 학습 알고리즘에게 알려 줄 수 있다. 이렇게 행동의 좋고 나쁜 정도를 학습 알고리즘에게 알려 주는 것을 보상(reward) 또는 강화(reinforcement)라고 하며, 이러한 정보를 이용하는 기계 학습이 강화형 기계 학습('강화 학습')이다.

산하던 컴퓨터가 인공지능망을 갖추고 스스로 데이터를 분류, 이해하고 학습한다? 인공지능과 딥러닝은 이미 다가온 새로운 시대에 대한 명확한 징후를 보여준다.

나는 인간의 학습과정과 동기부여 방식이 인공지능의 훈련과정에 활용된다는 사실이 놀랍고 신기했다. 그리고 그 발전의 수준에 대해 궁금증이 더했다. 나는 이미 인공지능의 알고리즘 체계 한가운데 들어선 것과 마찬가지였다.

인공지능? 스스로 글 쓰는?

공부 하고 싶은 분야에 대한 이러한 공부과정에 나 스스로 대단히 만족했다. 그러나 문제는 입시였다. 원하는 대학에 합격하는 일이 실제 공부보다 더 중요한 일일 수 있으므로 입시는 어쨌든 성공적으로 수행할 필요가 있었다.

K가 말했다.

"네가 원한다면 너는 어느 대학이든 합격할 것이다."

그냥 듣기 좋은 말로 하는 것이 아닌, 그 말은 왠지 든든한 안도감 같은 것을 주었다. 전문가라는 후광 때문이었는지, 주변에서 그저, '가능성이 높지', '잘하면 합격할 수 있지' 하는 것과는 다른 뉘앙스로 다가왔다.

"서울대와 카이스트 동시에 합격하면 어느 학교로 진학하지?"

어느 날 그는 장난스러운 표정으로 물었다.

"어느 쪽이 더 현명한 결정일까요?"

"그건 네가 생각하는 네 진로에 달렸지."

그리고는 잠시 생각하더니,

"인공지능 분야에 대해 연구하는 것이 목적이잖아? 더 월등한 수준의 인공지능을 개발하고 이를 IoT로 구현하는 거."

"강한 열망이죠."

"내 생각엔 카이스트가 좀 더 나아 보인다마는."

그건 내 생각과 잘 일치하는 결정이었다. 다만 학교에서는 서울대 진학을 더 원하는 눈치였지만.

"'지균' 추천 받을 테니, 수능 최저만 통과하면 서울대도 문제는 없다."

대수롭지 않게 K가 말했다.

자기소개서 작성을 시작했다. 이제까지 학교 다니면서 국어, 사회 과목 수행평가로 수도 없이 '자기소개서' 작성을 해왔던 터라 '자소서'에 대해 매우 익숙하다고 생각했는데, K의 생각은 달랐다.

'자기소개'가 아니라, 이제껏 배워서 머리에 든 것을 차근차근 펼쳐내라는 것이었고 나는 내가 했던 학습과 활동 중에서 가장 두드러진, 그리고 나의 관심분야에 부합하는 소재를 꺼내 하나하나 늘어놓았다.

그렇게 정리하고 보니, 학교 다니면서 했던 공부와 활동들이 상당히 많다는 느낌이 들었다. 뭔가 풍성한 수확을 기대해도 좋을 것 같다는 생각이었다.

그러나 쓰면서 새로 공부해야할 일이 매우 많았다. 되새김하듯이 예전의 일들을 재조립하고 필요한 부분은 더 공부하면서 나는 '글이란 자기 스스로 창조되고 써지는 부분이 있다는 것을 실감했다. 써놓고 보니, '그게 과연 내 생각 속에서 나왔나?' 싶을 정도의 내용과 문장이 만들어지는 것이었다.

'마치, 인공지능처럼 스스로 만들어가는 구나.' 하는 느낌이 들었다.

예로 들자면, 다음과 같은 문장이 만들어졌는데, 써 놓고도 어떻게 이런 것을 쓸 수 있었을까, 싶었던 것이다.

'과학 시간에 논리회로에 대한 내용을 배웠는데 이진수를 더하는 기계처럼 논리가 직접적으로 수학 계산을 하는 데 이용된다는 점은 놀라웠습니다. 이러한 개념이 컴퓨터에 사용된다는 것을 알게 되었고, 책 'CODE'를 읽었습니다. 책에는 단순히 덧셈하는 것 외에도 컴퓨터 부품에 이용되는 다양한 논리회로가 설명되어 있었습니다. 그뿐 아니라 계산 소자들을 다양한 방식으로 이용해 각자가 할 수 있는 것 이상의 일을 수행할 수 있다는 것을 알게 되었습니다. 이진 덧셈기, 래치와 플립플롭 등이 작동하는 모습을 눈으로 보고 싶어 게임 '마인크래프트'로 직접 책을 따라 구현해 보기도 했습니다. 아무렇지 않게 사용하는 컴퓨터의 작동 하나하나에 논리적인 구조가 숨어 있다는 것이 흥미로웠고, 그런 논리적인 구조를 만드는 소프트웨어에 대해 더 공부하고 싶었습니다.

프로그래밍에 대해 공부하면서 인공지능에 흥미가 생겼습니다. 인간의 뇌와 작동하는 방식 자체가 다른 컴퓨터에 인간의 지능을 구현하는 일이었기 때문입니다. 그러다 의문이 생겼습니다. '인공지능은 생각할 수 있을까?' 이 질문은 '생각한다는 것은 무엇일까?'에 대한 답을 필요로 했습니다. 거기서 생각이 멈춘 저는 책 '튜링'을 읽었던 내용이 떠올랐습니다.

인공지능에 대한 튜링의 생각은 흥미로웠습니다. 튜링은 인간이, 한 대상에 질의를 하여 그 대상이 인간인지 기계인지를 구별하지 못한다면 '지능을 가지고 있다'고 간주했습니다. 다시 말해 '지능에 대한 성공적인 흉내 내기'를 인공지능의 목적으로 설정했습니다. 따라서 저는 단지 지능을 흉내 내는 기계의 사고 여부를 논할 수 없다는 결론을 내렸습니다.

이 활동은 또한 제게 영감을 불러일으켰습니다. 과학은 현상을 관찰하면서 진리에 다가가는 학문입니다. 이와 같이 '생각하는 것'처럼 보이는 것에 대해 연구하면서 '생각한다는 것은 무엇인가?'라는 질문의 답에 다가갈 수 있을 거라고 생각했습니다. 이 일을 계기로 인공지능에 대해 전문적으로 연구하는 인공지능 연구자가 되고 싶었고, 본격적으로 관련 공부를 시작했습니다.

기계학습 기법인 '딥러닝'에 대해 공부하면서 현재의 인공지능 기술 자체가 지닌 어쩔 수 없는 수학적, 기술적 한계가 있음을 깨달았습니다. 프로그래머가 '딥러닝' 모델이 주어진 일을 수행하는 구조를 정확히 알지 못하고, 이 때문에 유지 및 보수에 어려움을 겪는 문제 등은 기계학습 알고리즘에 있어 상당히 근본적인 문제입니다. 저는 인공지능이 가진 한계를 선두에서 돌파하고, 발전된 인공지능을 인간 생활의 여러 부분에 적용하는 연구자가 되고 싶습니다.'

놀랍기도 하고 뿌듯하기도 한 '자소서'의 내용이었다. 이 글을 보면서 나는 내가 서울대든, 카이스트든 합격할 것이라는 자신감을 가질 수 있었다.

'점들의 연결'

그러나 그런 자신감은 현실적 벽에 가로막히고 말았다.

2019학년도 수능은 말 그대로 '불수능'이었다. 국어시험부터 정신이 빠진 나는 내내 고전하다가 결국 국어과목에서 2등급을 얻지 못했다.

아, 내 생각과 다르게 전개될 수 있는 것이 세상에는 더 많구나, 하는 사실을 그 때 절실하게 느꼈다. 거의 '멘붕' 상태의 심각한 좌절감을 느낄 수밖에 없었는데, K가 말했다.

"실패는 병가의 상사지. 늘 있는 일이라는 뜻이다. 실망 마라."

하지만 그 말이 온전히 귀에 들어올 리가 없었다. 서울대, 연세대, 고려대가 한꺼번에 날아간 셈이고 카이스트 등 과기원에서의 합격 통보는 아직 없는 상황이었다.

한 번의 큰 실패는 연쇄적 좌절감을 주는 모양이었다. 다른 학교에서의 결과도 불안하기 그지없는 상태가 되어 손이 부들부들 떨릴 지경이었다. 낙방에 대한 공포가 그날 하루 종일, 밤새 큰 물결처럼 밀려왔다.

상당히 초조해 보였는지,

"신념이 필요한 시기다. 그간 못 본 책이나 열심히 읽어라."

K가 한마디 했지만 당사자의 심정으로 어디 그것이 가능한 일인가. 더구나

곁에서 보아주시는 부모님의 얼굴은 나보다도 더 불안스럽고 초조해 보였다.

내가 느끼기엔 더할 나위 없이 긴, 그 시간 동안 반복적으로 조울증세가 있었던가?

합격할 거야, 아니 어려울 거야, 희망과 좌절이 머릿속에서 무한 반복되고 합격이나 불합격의 이유까지 상세히 찾아내서 혼자 기뻐하고 혼자 좌절했다. 그러면서 기진맥진 거의 초죽음이 다 되었는데 이 커다란 좌절감은 채 하루 만에 진정이 되었다. 카이스트의 1차 발표가 났는데 모니터에 뜬 내 이름 곁에 합격 축하 메시지가 선명했다.

그때의 기쁨이라니. 카이스트 1차 합격은 내게 너무나 값진 결과였다. 다른 선택의 여지가 별로 없었기 때문이었다. 눈물이 저절로 흘러내렸다.

절박한 심정은 때론 불가능한 일도 거뜬히 하게 하는 힘이 있다. 면접일까지 약 일주일 간 죽어라고 면접 준비를 했다.

수학과 물리를 선택하여 면접 시험을 치렀는데, 이러한 노력 덕분이었는지 이상스러울 만큼 문제를 잘 해결할 수 있었다. 학업 외 역량을 묻는 제시문은 가치의 충돌, 선택을 통해 자신의 판단 능력과 논리력, 인성부분을 평가했는데, 우습게도 나는 그때 내가 인공지능이라면? 이라고 가정하고 생각을 정리했다. 결과적으로 내가 생각하기에도 조리 있게 설명 했다는 느낌이 들었다. 그리고 드디어 최종 합격의 영광을 안았다!

K가 말했다.

"네 원래의 꿈이 이루어졌구나!"

좌절과 정말 속에서 정말 내가 절실히 원하던 꿈이 이루어진 것이다.

생명공학에서 컴퓨터공학으로 그 중에서도 인공지능으로 나는 내 생각을 좇아왔다. 대학교를 선택하는 데 있어서도 나는 내가 진정으로 원하는 결과를 얻은 셈이었다.

나는 나에게 정해진 내 운명의 경로가 있다고 생각한다. 여기까지 다다른 것이 그 증거의 하나라고 믿기 때문이다.

스티브잡스는 이렇게 말하였다.

"여러분들은 과거를 뒤돌아 봤을 때, 비로소 점들을 연결할 수 있습니다. 그러므로 모든 점들은 당신의 미래와 어떻게든 결국 이어질 것이라는 것을 믿어야 합니다. 본능, 운명, 삶, 업보 등 무엇이든 점들이 결국은 연결이 되어 하나의 길을 이루게 될 것이라 믿는다면, 여러분은 여러분의 가슴이 움직이는 대로 따르는 자신감을 가지게 될 것입니다. 설사 당신의 마음을 따르는 것이 잘 닦여진 길에서 벗어나는 일일지라도 그 일은 당신 인생을 변화 시키게 될 것입니다."

나는 주변의 누구에게든 자신을 믿고 자신의 길을 가도록 권하고 싶다. 하늘은 스스로 돕는 자를 돕는다. 도울 수가 있기 때문이다.

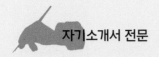 자기소개서 전문

1. 고등학교 재학기간 중 학업에 기울인 노력과 학습경험에 대해 배우고 느낀 점을 중심으로 기술해 주시기 바랍니다. (1,000자 이내)

　동아리 '베리타스'에서의 보드게임 인공지능 프로그래밍 활동 후에 인공지능에 관심이 생겼습니다. 책 '처음 만나는 머신러닝과 딥러닝'을 통해 기계학습이라는 방법론과 인공지능에 대해 학습했습니다. 그 중에서 딥러닝에 흥미를 느껴 책 '처음 배우는 딥러닝 수학'을 읽고 관련 이론을 배웠습니다. 경사 하강법과 오차역전파를 다룰 때 행렬 연산, 다차원 공간 개념, 편미분 등의 개념이 이해하기 힘들었지만, 다른 문헌을 통해 조금씩 이해해갔습니다. 이론 학습 후 예제를 통해 파이썬으로 신경망을 구현하는 프로그램을 제작했습니다. 직접 코딩을 하면서 신경망이 알고리즘으로써 프로그램에 어떻게 적용되는지 확인할 수 있었습니다. 하지만 반복된 학습에도 프로그램의 정확도가 어느 정도 이상으로 진전되지 않았고, 딥러닝의 핵심 개념인 경사 하강법 자체에 존재하는 결함에 대해 알게 되었습니다.

　책 '알고리즘 행성 여행자들을 위한 안내서'를 통해 복잡도에 대해 학습했습니다. NP문제는 아주 어렵지만 비결정적 알고리즘인 휴리스틱을 이용해 일부 효과적으로 해결할 수 있다는 점이 흥미를 끌었습니다. 휴리스틱에 대해 더 찾아보면서 재밌는 사실을 알았습니다. 휴리스틱과 기계학습은 NP문제를 해결하기 위해 사용될 수 있지만, 휴리스틱은 직관적인 이해를 바탕으로 빠른 시간 안에 특정 문제에 대한 해답을 내놓는 반면, 기계학습은 시간이 오래 걸리지만 다양한 문제에 적용될 수 있다는 점이었습니다.

특히 휴리스틱인 담금질 기법은 경사 하강법 처럼 최적화 문제에서 쓰이는데, 담금질 기법은 정확한 해가 아닌 근사치를 제공하지만 경사하강법보다 효과적으로 문제를 해결할 수 있었습니다. 담금질 기법을 딥러닝에 적용하면 학습 성능을 향상시킬 수 있겠다는 생각을 했고, 논문 '모의 담금질 기법을 이용한 다목적함수 최적화 알고리즘 개발'을 읽었습니다. 이를 통해 모의 담금질뿐만 아니라 유전알고리즘 등 다양한 휴리스틱이나 기계학습 알고리즘이 서로 결합되어 더욱 뛰어난 성능을 발휘할 수 있음을 알게 되었습니다. (996)

2. 고등학교 재학기간 중 본인이 의미를 두고 노력했던 교내활동을 배우고 느낀 점을 중심으로 3개 이내로 기술해주시기 바랍니다. 단, 교외활동 중 학교장의 허락을 받고 참여한 활동은 포함됩니다. (1,500자 이내)

동아리 활동에서 '보드게임(세트) 속의 확률'을 주제로 탐구를 진행했습니다. '세트'는 주어진 카드에서 조건에 맞는 카드 세 장을 찾는 게임입니다. 탐구의 목적은 보드게임에서 나올 수 있는 경우의 확률을 구하고, 이를 바탕으로 최선의 플레이 전략을 구상하는 것이었습니다. 가장 큰 어려움은 12장의 카드가 주어졌을 때 세트의 존재 확률을 구하는 것이었습니다. 전체 카드 수가 81장이기 때문에 이때 3장, 4장을 꺼낼 경우의 확률을 계산해서 확장해 나갔습니다. 하지만 앞의 카드가 무엇이냐에 따라 상황이 달라져 확률을 구하는 과정이 복잡해졌습니다. 여사건을 이용한 결과도 같았습니다. 고심 끝에 게임 중 남은 카드의 수는 변하기 때문에 카드 수를 한정시키면 확률의 보편적 적용도 어렵고, 계산만 복잡해질 거라는 생각에 이르렀습니다. 그러다 수학책의 '~라고 가정하자'는 구절이 떠올랐습니다. 카드 수를 무한대라고 가정하자 많은 제약이 사라졌고, 계산이 간단해졌습니다. 이를 통해 적당한 값을 구했고, 그 값이 통계적 확률과 근사하다는 것을 알게 되었습니다. 이 확률을 기초로 가능한 세트 종류 각각의 확률을 구한 값을 활용하여 가장 빠른 시간 안에 세트를 찾을 수 있는 전략을 세울 수 있었습니다. 복잡한 문제를 만났을 때, 적절한 직관을 통한 간단한 가정이 효과적으로 차선의 해결책을 줄 수 있다는 것을 깨달았습니다.

과학시간에 번개로 인한 공중방전이 식물이 이용 가능한 형태의 질소를 공급하는 질소고정을 일으킨다는 사실을 배웠습니다. 공중방전이 합성 암모니아를 통해 질소를 공급하는 비료와 유사한 효과를 낸다면 이를 농업에 적용할 수 있을 거라고 생각했고, '플라즈마와 농업 생산성 연구'를 진행했습니다. 처음에는 번개와 유사한 아크 방전을 이용해 물에 질산을 녹이고 비료처럼 사용하는 방법을 생각했습니다. 우선 네온사인 변압기를 이용해 가정용 전기의 전압을 높였습니다. 이를 이용해 아크 방전을 물 위에서 일으키고, 이 물을 작물을 기를 때 직접 주면서 생장 속도를 관찰했습니다. 물속의 질소를 확인하는 방법을 찾기 쉽지 않아 직접 지시약을 만들어 물의 산도 측정으로 대신했습니다. 실험 결과 생장 속도 변화가 없지는 않았지만 아크 방전은 에너지 대비 효율이 너무 낮았고, 질소 비료와 비슷하게 토양의 산성화를 일으킬 위험이 있어 실제 사용에 어려움이 있었습니다.

처음에는 결과에 낙담했습니다. 하지만 추가조사를 통해 아크 방전이 공기 중에 플라즈마를 만들면서 생성되는 OH라디칼에 살균 효과가 있음을 떠올렸습니다. 공중방전을 직접 이용하지는 못했지만, 농업 생산에 플라즈마를 적용하는 사례를 연구하는 것도 의미가 있다고 생각했습니다. 같은 실험 도구를 이용하여 플라즈마 처리된 물을 작물 세척에 사용했을 때의 효과와 작물에 직접적인 플라즈마 처리를 했을 때의 효과를 함께 실험했습니다. 그 결과 직접적인 플라즈마 처리가 식물 생장에 큰 영향을 주지는 않지만, 플라즈마를 처리한 물 이용이 작물의 부패 속도를 늦추고 빨리 자라는 것을 도와준다는 결론을 내렸습니다. (1497)

3. 학교생활 중 배려, 나눔, 협력, 갈등관리, 리더십 발휘 등을 실천한 사례를 들고 그 과정을 통해 배우고 느낀 점을 기술해주시기 바랍니다. (1,000자 이내)

책 '나는 세상을 리셋하고 싶습니다'를 주제로 진행한 독서토론대회와 저자 초청 강연회를 통한 이해의 심화 과정은 우리 사회에서 공동체 감각의 결여로 인한 문제들을 이해하고, 그 해결책으로서 진정한 의미의 협력을 배우는 계기였습니다. 토론대회의 주제는 '모둠학습을 통한 협력 학습은 바람직하다'였습니다. 두 친구와 팀을 만들어 찬성 측으로 준비를 진행했습니다. 하지만 좀처럼 뜻대로 되지 않았습니다. 책의 설명이 쉽지 않아 대부분이 내용을 이해하지 못한 채로 토론준비를 진행해야 했습니다.

책에 대한 이해가 부족함에도 우선 일을 추진하기 위해 역할을 나누어 입론, 반론, 최종변론을 준비했습니다. 그러나 준비를 할수록 팀의 협력 방식이 책에서 비판하는 '분업'의 형태라는 생각이 떠올랐습니다. 서로 단절된 채 주어진 일만을 수행하는 모습이 공동의 노력으로 공동의 것을 만들어 가는 진정한 협력과는 거리가 멀다고 생각했습니다. 협력이 중요한 토론에서 분업은 오히려 함께 일을 진행하는 데 걸림돌이라는 생각에 다시 친구들과 토론을 통해 전 과정을 함께 진행했습니다.

이야기를 통해 서로의 의견을 이해할 수 있었고, 창의적인 의견을 함께 발전시켰습니다. 토론 중 대회를 준비하는 과정도 모둠학습의

한 형태라는 의견이 나왔습니다. 준비하면서 느낀 장점을 생각해 보았습니다. 반 전체는 비교적 많은 학생들이 활동에 참여해 질문할 때 용기가 필요했던 점을 떠올렸습니다. 저희 팀은 비교적 작은 규모로 이루어져 소통이 활발하게 일어났고, 이는 학급 등 더 큰 사회에서의 소통을 도와줄 거라고 생각했습니다. 또한 유동적인 진행이 가능해지면서 다양한 협력의 방식이 개발될 수 있겠다는 생각이 들었습니다. 글쓴이는 모둠활동이 진정한 의미의 협력을 이끌어내지 못한다고 주장했지만, 그것은 모둠학습을 진행하는 교사의 역량이 중요한 부분이며 오히려 모둠학습이 학교생활에서 협력을 이끌어내는 최선의 방법이라는 결론을 내렸습니다. 이 내용을 핵심으로 근거와 자료를 찾았고, 성공적으로 토론을 진행했습니다. (999)

2. 남들과 다른 방식으로 생각하거나 시도한 사례를 들고, 그것이 본인과 주변에 어떤 영향을 주었는지 기술해 주시기 바랍니다(1,000자 이내). (카이스트)[3]

한 친구가 책 '자본주의'를 추천해주어 읽게 되었습니다. 책의 주요 내용은 자본주의에서 나타나는 많은 문제점들을 비판하고, 그 대안으로 복지 민주주의를 제시하는 것이었습니다. 많은 상을 받았고 책을 읽은 친구의 평가도 좋았지만, 제 생각은 그렇지 않았습니다.

책은 은행이 자본주의의 사회악이라고 주장했습니다. 은행이 맡고 있는 돈을 다른 사람에게 빌려주면서 마치 총 통화량이 늘어나는 것

---

3) 카이스트의 '자소서' 형식은 다음과 같다.

1. 고등학교 재학기간 중 본인이 의미를 두고 노력했던 교내 활동(3개 이내)을 통해 배우고 느낀 점을 중심으로 기술해 주시기 바랍니다. 단, 교외 활동 중 학교장의 허락을 받고 참여한 활동은 포함됩니다(1,500자 이내).

2. 남들과 다른 방식으로 생각하거나 시도한 사례를 들고, 그것이 본인과 주변에 어떤 영향을 주었는지 기술해 주시기 바랍니다(1,000자 이내).

3. 학교생활 중 배려, 나눔, 협력, 갈등 관리 등을 실천한 사례를 들고, 그 과정을 통해 배우고 느낀 점을 기술해 주시기 바랍니다(1,000자 이내).

4. 본인의 꿈(목표)은 무엇이며, 그것을 이루기 위해 지금까지 기울인 노력과 앞으로의 계획을 기술해 주시기 바랍니다(1,000자 이내).

   ※ 꿈을 이루기 위하여 KAIST를 선택한 이유와 그 과정에서 예상되는 역경을 포함하여 작성해 주시기 바랍니다.

5. 위 문항 외에 작성하고 싶은 내용을 자유롭게 기술해 주시기 바랍니다(1,000자 이내).

   ※ 고교 졸업자의 경우, 고교 졸업 이후의 활동을 포함하여 작성해 주시기 바랍니다.

과 비슷한 현상이 일어나 경제가 활발해질 수 있지만, 이 과정에서 필연적으로 빚으로 망하는 사람이 생긴다는 것이었습니다. 이런 현상으로 인해 과도한 경쟁이 발생하고, 가장 약자인 사람이 파산을 당한다는 주장을 폈습니다. 그 외에 특정한 상품만을 예시로 설정해 물가가 하락하는 일은 없다고 주장하거나, 자본주의와 직접적인 관련이 없는 과소비나 경기 침체 문제를 다루는 등 사회의 모든 경제 문제가 마치 자본주의의 문제점인 것처럼 진술하는 점이 이상하다고 생각했습니다.

이자를 통해 이익을 취하고 경기 침체를 만드는 이기적인 은행이 어떻게 많은 국가에서 존재할 수 있는지 궁금했습니다. 하지만 경제학에 대한 전문지식이 없어 책에서 서술하는 내용을 정확히 이해하고사 조사를 하고 문과 친구들에게 물어 보기도 했습니다. 그 결과 은행이 경기 침체를 만드는 것이 아니라 오히려 경기를 부흥시키며, 경기가 침체될 때 항상 약자만이 피해를 입는 것은 아니라는 사실을 배웠습니다. 오히려 은행은 돈을 저축하고 싶은 사람과 돈을 빌리고 싶은 사람을 연결시켜 주면서 돈의 순환을 돕고, 이 때문에 자본주의 사회가 지금과 같은 풍요로움을 누리게 되었다는 내용을, 책은 서술하지 않았다는 것을 알게 되었습니다.

이 사실을 함께 책을 읽은 친구에게도 알려 주었고, 그 친구도 자신이 편협한 생각을 하고 있었음을 고백했습니다. 글의 편향된 생각에 의심을 품고, 이를 통해 스스로의 이해를 확립해 나가면서 비판적 사고가 현상을 올바르게 볼 수 있게 한다는 사실을 깨달았습니다. (976)

신은 주사위를 던지지 않는다

___

서울대 의예과 합격

신은 주사위를 던지지 않는다.

김현수, 서울대 의예과 합격, 아주 좋은 등급

대체로 말하면, 인생은 선택하는 대로 되는 겁니다.

                                              – 월 풀

결정불능증후군

콜롬비아 대학 쉬나 아이엔가 교수의 선택 실험이 있다. 탁자 위에 6가지 종류의 잼을 진열한 탁자와 24가지 종류의 잼을 진열한 탁자가 놓여있고 피 실험자들은 위 2가지 탁자위에서 사고 싶은 잼을 선택해 사도록 한 것이다.

단순히 생각하면 많은 종류의 잼이 진열된 탁자에서 자신의 취향에 맞는 잼을 선택한 사람들이 많을 것 같지만 결과는 반대였다.

6개 종류의 잼이 진열된 탁자에서 잼을 구입한 사람들은 30%에 이르렀지만 24개의 잼이 진열된 탁자에서 잼을 구입한 사람은 3%에 불과했다.

'결정 장애 증후군', '햄릿증후군'이라 불리는 이 증세는 현시대 대부분의 사람들이 느끼는 증상이 되었다. 사람들은 살아가면서 무수히 많은 선택과 결정을 해야 하는데 이때마다 사람들은 결정에 대한 망설임, 심지어두려움까지 느끼게 된다는 것이다.

K의 조언에 따라 EBS지식채널, '결정불능 증후군, 정답은 없다'를 시청하였다. 점심메뉴를 고르면서 중국집, 돈까스, 콩나물 해장국 등을 선택하지만 어느 것을 고르든 걸리지 않는 부분이 없다. 젊은이들의 70% 가량이이 '결정불능 증후군'을 느끼고 있다는 결과가 그리 놀랍지만은 않은 것이, 나 스스로도 그런 경우가 자주 있었기 때문이다.

그저 짜장면이냐, 짬뽕이냐를 선택하는 것이라면, 잠시 망설임이 있겠지만 그리 어려울 일은 아닐 것이다. 그러나 입시를 앞두고 있는 상황에진학할 대학이나 학과에 관한 것이라면……?

입시를 앞두고 의예과를 선택할 것이냐, 생명과학을 선택할 것이냐를두고 깊은 고민에 빠졌다.

지방 학교였지만 외견상 나는 3년 동안 전교 일등을 놓치지 않았고, 의예과를 준비하며 꾸준히 수능 최저 등급을 맞추는 일에도 매진하여 특별한 일이 없으면 등급을 놓치지 않았다. 생활기록부 진로희망 란에는 나와 부모님 칸에 모두 '의사'라는 명조체 글자가 뚜렷이 박혀있었다.

학교와 주변에서는 '서울대 자원'이라거나 '의대입학'이 가능할 것이라는 말을 듣기 좋은 말로라도 자주 해주었다. 나로서도 되거나 말거나 부딪치겠다는 생각을 가지고 있었다.

생명과학인가, 의예과인가.

단순히 학과 문제로 귀결됐지만 실은 더 복잡한 일이 있었다. 서울대학교에 진학하는 것을 바라는 학교선생님들과 주변의 기대가 그것이었다. 그분들의 의견은 서울대에 가는 것이 다른 대학 의예과에 가는 것보다 내 인생에 훨씬 더 좋은 결과를 줄 것이다, 라는 것, 그렇지만 그 가정의 이면에는 '나의 실력으로 서울대 의대 합격하기는 하늘의 별따기'라는 것이 전제 되어 있었다.

꾸준히 학교 공부를 해오며 공부에 대한 자신감을 놓치지 않았던 터라, 입시에 대한 어느 정도의 자신감은 있었지만 의예과나 서울대는 자신감만으로 되는 일이 아닌, 또 다른 경우였다.

내 주변, 우리 지역에서 서울대 진학한 사람은 물론이고, 의예과에 진학한 학생도 내가 알기로는 전혀 없었다. 마치 전설처럼 몇 년 전, 십수년 전, 합격했다는 이야기를 듣기는 했지만 정말 아득한 옛날의 남의 일일 수밖에 없었다.

두려움의 근원

고민의 배경에는 학교의 강한 바람이 있었다. 어쩐 일인지 우리나라는 서울대학교에 합격한 학생의 숫자로 고등학교의 수준과 교육의 질을 판단하는 것 같다. 이듬해 신입생 모집에도 큰 영향을 미치는 일이었으므로 학교의 입장에서 보면, 서울대 지원과 합격을 바라는 것은 당연한 것으로 보였다. 나로서도 그간 학교에서 얻은 가르침과 선생님들에 대한 고마움도 많았던 터라 이것을 뿌리치기도 어려웠다. 문제는 '서울대' 만큼은 '의예과 불가'라는데 있었다. '당연히 불합격 된다'라는 것이다. 내가 고민과 두려움을 느끼게 된 지점이었다.

K는 말하자면 나의 근본적인 어려움을 해결하는데 도움을 주었다.

서울대학교, 그리고 다른 대학 의예과 합격에 대한 확신을 준 것이 그 하나였는데 이는 그와 진학에 대한 의견을 주고받는 과정, 그리고 생활기록부를 작성하고 자기소개서를 작성하는 과정을 통해서였다.

"망치로 머리를 한 대 얻어맞은 것 같아요."

K의 수업을 듣고 집에 가서 어머니에게 이렇게 말했는데, 그 말은 백퍼센트 사실이었다.

"글만 잘 쓰면 되는 줄 알았는데, 엉뚱한 데 가서 놀고 있었던 거였어요."

내용을 작성하는 과정은 이제까지 내가 생각해오던 것과는 아주 동떨어진 다른 세계였다. 관련된 내용의 새로운 공부를 필요로 하는 것이었으며 새로운 해석이 필요한 과정이었다. 그런 사실을 배우고 익히고 새로 작성하며, 나는 생판 모르던 비밀 같은 것을 새로 깨달았음을 알았다. '유레카!'를 외치고 싶은 기분이었다.

동아리 '갈라파고스' 활동에서 한 '세균배양실험'이나 '배아줄기 세포의 이식거부반응', '쥐의 생식기 절제 및 봉합' 실험과 '인공세포막을 이용한 투석' 실험, '오토파지' 등에 대한 연구는 실제 했던 공부와 실험 내용을 복기하고 보고서를 새롭게 살펴 그 의미를 복원하였고, 의사로서 가져야 하는 과학적 지식과 사고, 실증의 중요성을 강조하는 데 활용되었다.

신경외과와 뇌 분야 전공을 희망하던 나는 가천대학교 의대 탐방, 서울대 탐방 등과 해부실험을 하였는데 이러한 내용 전체를 재구성하여 내가 한 활동의 진정한 의미를 새롭게 창조해낼 수 있었다. 조각조각 흩어진 활동의 조각들을 모으자 이 기록들은 생명력이 부여된 유기체처럼 새로운 모습으로 활성화되었다는 느낌이 들었다.

그 내용은 '자소서'에 적은 다음 부분과 같다.

'(전략) 심도 있는 활동 소재를 찾던 중, 기사를 통해 노벨상을 수상한 '장소세포와 격자세포'를 접하게 되어 탐구해 보았습니다. 장소세포와 격자세포는 뇌 안에서 위도와 경도의 역할을 하는 일종의 좌표를 생성해, 뇌가 공간을 일정한 간격으로 나눠 파악하도록 하는데, 내비게이션에 대응된다고 할 수 있습니다. '장소 세포'가 특정 지점이나 사물의 형태 등을 기억 하고, '격자 세포'는 공간과 거리에 관한 감지 기능을 수행하여 이 두 기능이 복합적으로 작용하여 사람은 위치에 대한 정보를 파악합니다. 남자는 길 찾기에, 여자는 사물

찾기에 강점을 보이는 현상이 이와 관련이 있지 않나 궁금증을 갖기도 하였습니다.

실제 뇌의 모습을 관찰해 보고 싶었는데 마침 동아리가 가천대학교 뇌 과학 연구소를 방문할 기회가 주어졌습니다. 뇌과학 연구소에서 PET-MRI 와 PET-CT 등을 이용하여 파킨슨병에 걸린 환자들의 뇌 사진을 보았는데, 파킨슨병은 뇌의 흑질에 분포하는 도파민의 신경세포가 소실되어 발생하는 신경계 만성 진행성 퇴행성 질환으로, 치료법은 레보도파가 있다는 것을 알았습니다. 레보도파는 도파민의 전구물질로, 뇌에 도달하여 도파민으로 전환되는 물질인데 뇌 도달 전에 전환되는 것을 방지해 주는 카피도파와 함께 쓰여 어느 정도의 부작용이 있음을 알았습니다. 뇌신경전문의를 꿈꾸는 학생으로서 불치병인 파킨슨병의 치료가 배아줄기세포나 레보도파를 통한 치료가 가능할 수 있겠다 생각하고 더 깊이 연구하고자 하는 마음이 들었습니다.

서울대 평생교육원에서 주관하는 '미리 들어보는 대학 강의'에서 실제 사람의 뇌를 만져보고 관찰한 경험은 해부실험에 대한 적극적인 참여로 이어졌습니다. 해부실험에서 쥐의 뇌혈관을 염색하여 관찰했는데, 포름알데히드와 India ink를 쥐의 심장에 주사하면, 심장박동이 멈추면서 뇌혈관이 염색됩니다. 해부 및 염색이 완전히 진행된 이후에, 뇌혈관을 관찰했을 때, 예상과 다르게 전체혈관의 절반만 염색된 것을 알았습니다.

거꾸로 실험과정을 복기하면서, 포름알데히드와 India ink의 주입 간격이 그 원인이었음을 밝혀낼 수 있었습니다.(후략)'

짜장면과 짬뽕은 어느 것이든 정답이 아니다.

입시에 관한 서류 준비, 말하자면 학교생활기록부, 자기소개서, 추천서 등의 준비가 모두 끝난 뒤에 K가 말했다.

"서울대 생명과학과에 합격하고, 충남대 의예과에 합격하면 어디를 선택할래?"

처음에는 정말 망설였다. 서울대를 가야하나? 다른 대학이라도 의예과를 가야하나?

그런데 조금 더 생각해보자 답은 명확했다.

"충남대 의대를 갈 겁니다."

"그럼 결정된 셈이다."

"서울대는 생명과학을 쓰나요?"

"가지도 않을 것을 뭐 하러 써?"

"안 쓰나요?"

K가 선선하게 웃었다.

"네 생각은 잘못된 전제로부터 출발했다. 너뿐만 아니라, 주변 분들이 대부분 그렇다."

"그 말씀은?"

"네가 서울대 생명과학과에 합격할 확률하고 의예과에 합격할 확률하고 정말 다르다고 생각하니?"

"………."

"내 생각에는 서울대 생명과학과에 합격할 확률보다 의예과에 합격할 확률이 더 높다. 그러니 서울대도 당연히 의예과를 써야지. 그러면 네 고민도 다 해결되는 셈이다."

"그럴 리가……."

"신념이 필요하지. 이를 귀납적으로 설명할까?"

"귀납법요? 하하."

"서울대 의대 붙은 A는 1.0 등급이다. B도 1.0이다. 그러므로 그보다는 성적이 약간 모자라는 너는 합격할 수 없다.

그렇지 않은 합격생도 더러 있다. 그들 중 A는 대도시에 있는 좋은 고등학교 출신이다. B도 그렇다. 그러므로 이에 해당하지 않는 너는 합격할 수 없다. 또 있어. 우리학교에서 전교 일등 하는 애들이 줄지어 서울대 의대에 도전했지만 A도 떨어지고 B도 떨어졌고 C도 떨어졌다. 모두 다 떨어졌다. 그러므로 현재 우리학교 일등인 너도 떨어진다. 맞아?"

"그렇지 않을까요?"

"귀납법에서 전제가 참이라고, 결론이 참이 되는 것은 아니지. 오히려 그런 결론을 유도하기 위해 전제를 정하는 경우가 많지."

"하지만 이제까지 진학지도를 하신 선생님들의 말씀인데, 경험적 추론도 중요한 것 아닐까요?"

"그걸 참이라고 생각하면 너희 학교는 죽어 없어질 때까지 서울대 의대 합격이 없다는 말과 같지. 그런 경우가 어딨어?"

"그럼 주변에서는 왜 그렇게 어렵다고들 말하지요?"

"어렵다는 말 뒤에는 실체 없는 관념이 있어. 1.0이 아니라서, 대도시 학교가 아니라서, 활동이 미비해서, 이런 것들은 막연한 불안감의 반영이다. 유령에 떨고 있는 거지. 살펴보면 1.0 아닌 학생, 대도시 아닌 학생들이 서울대 의대에 붙은 경우 허다하다. 이걸 모르거나 그 학생들이 붙은 비결을 모르는 거지. 정보의 결여다."

그러면서 질문을 하였다.

"네가 보통의 의대에 붙을 수 있다고 믿는 근거는 무엇이니?"

"좋은 성적 아닐까요?"

"그럼 서울대 의대에 떨어진다고 믿는 근거는 무엇이니?"

"워낙 강한 애들이 온다고 하니……."

"어떤 점이 강하지?"

"성적이 나보다 낫겠죠?"

"어떻게 너보다 좋겠니?"

"그럼 좋은 학교거나요."

"그 기준은 뭐지?"

"그건……."

"누구도 객관적 비교를 해본 적이 없지. 그러니 그냥 유령 같은 거지. 없는 실체에 쫄고 있는 거다. 서울대 의대 넌 된다. 믿어라."

"나중에 혹시라도 잘못되면 그 선택에 대해 선생님이나 주변 분들께 안 좋은 평을 받지 않을까요?"

그 질문은 사실 자신에게 하는 것일 수도 있었다. 후에 이 결정을 후회하게 되지 않을까요? 하는. K가 다시 웃었다.

"결정 후에 남는 미련과 아쉬움은 잘못된 결정의 증거가 아니다. 결정의 본질이 그런 것이니까."

"?"

"모든 문제에는 정답이 있다. 우리 거기에 익숙해져 있지. 그래서 무언가 잘못되면 정답을 선택하지 않았기 때문이라고 판단한다. 하지만 생각해봐라. 우리 삶에 정답이 있을까? 선택의 반복, 성공과 실패의 반복을 통해 더 나은 결정을 배우는 것이다. 어려운 상황에 결정을 잘하는 사람은 어차피 그 문제에는 정답이 없다는 것을 알기 때문이다. 짜장면과 짬뽕은 어느 것이든 정답은 아니니까. 어느 것을 선택하든 미련과 아쉬움이 남지."

마지막 그 말은 안 그래도 의예과에 원서를 넣고 싶었던 나의 마음에 결정적 쐐기를 박는 말이었다. 오래전부터 나는 이러한 말을 듣고 싶어 했는지도 모른다.

"네가 서울대 의예과에 합격할 확률은 생명과학과 보다 정말 매우 더 높다. 오히려 생명과학과를 지원하면 떨어질 위험이 더 크다. 내가 왜 그렇게 생각하는지 아니?"

"서울대는 학생부종합전형이라서?"

그가 웃었다.

나는 고민 없이 담담하게 서울대 의예과에 지원서를 낼 수 있었다. 나는 그것이 요행을 바라고 주사위를 던지는 일이 아님을 이미 알고 있었다. 그리고 합격했다. 관념은 처음부터 실체가 없는 것이었다.

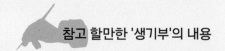

'동아리활동'

'갈라파고스 : 기장으로서 적극적으로 활동함. '세균배양'을 선정하여 세균의 성장 최적 환경을 직접 탐구하여 실험, 보고서 작성, 발표함. 배아줄기 세포 연구 토론에서 사회자를 맡아 이식거부반응, iPS cell 등 주제에 대해 조사하여 의견을 조율하고 의료기술의 발전 전망에 대해 논의함. 실험교실 의생명반 '쥐의 생식기 절제 및 봉합', '인공세포막을 이용한 투석실험'에서 어려움을 느끼고 일부만 하던 다른 모듬과 달리 처음 계획대로 끝까지 하는 모습을 보임.'

'굿닥터 : 서울대, 서울 삼성병원을 견학. 가천 뇌과학연구소를 방문하여 MRI, CT, PET 등 인체 측정 기술에 대해 알고 이 기술로 현재 밝혀진 뇌 질환의 모습을 직접 관찰해 보며 의공학 분야에 흥미를 갖게 되었고 과학 분야 간 연계의 중요성을 인식함.

'물화생수지 A : 세포의 자기 방어기제인 '오토파지'에 대해 조사하여 발표하고 오토파지의 3가지 종류와 환경에 따른 오토파지와 세포자살의 관계를 이해하며 오토파지와 암의 관계를 통해 오토파지의 특성이 다양한 난치병 치료 가능성으로 발전할 수 있다는 사실을 공부함.'

'진로활동'

'한림원 석학과의 만남 프로그램에서 서울대학교 농업생명과학연구원 교수님의 '고분자 물질을 이용한 유전자 치료' 주제의 강연을 듣고 현재 국내 유전자 치료의 발달 정도와 전망에 대해 생각해 봄. 강연을 듣고 유전자 돌연변이 뿐만 아니라 염색체 돌연변이와 같이 다양한 유전병에도 이러한 유전자 치료 방법을 사용할 수 있는지에 대해 질문하고 이해함.

'생명과학'

'생명과학에 관심이 많고 수업에 적극적으로 참여하며 유전의 기본 원리와 사람의 유전자 돌연변이의 원인을 정확히 이해하고 있으며 이를 바탕으로 생명공학 기술인 유전자 치료의 원리와 과정을 잘 이해하고 있음. 바이러스의 종류와 특징에 대해 조사하여 보고서를 제출함. 바이러스의 특징에 대해 조사하면서 바이러스의 광범위함에 놀랐고, 바이러스 중에서도 특히 우리 몸에 들어와서 질병을 일으키는 바이러스 중심으로 조사하는 과정에서 우리 몸의 면역 체계에 대해 더 자세히 알게 됨. 자신의 장래 희망과 관계가 깊은 백신의 정의, 제조과정, 역사, 접종현황, 접종의 필요성과 장단점 등을 조사하여 보고서를 제출함. 전에 신종 인플루엔자 백신을 접종하고 부작용으로 고열과 두통에 시달린 적이 있어서 백신에 대한 관심이 높았는데 이 조사를 통해서 백신에 대해 정확히 알게 되었으며, 아직 개발되지 않은 질병들의 백신을 자신이 직접 개발해 보겠다는 의욕을 보임.

'뇌의 기능과 마음'이라는 주제로 뇌의 여러 가지 기능, 사람이 감정을 느끼는 방법, 뇌의 구조와 기능에 대해 자세하게 조사하고 이를 PPT를 이용하여 이해하기 쉽게 발표함.'

'확률과 통계'

'(전략) 자신의 진로 분야인 의료 분야에 교과 내용이 어떻게 활용되는지도 관심을 가지고 살펴봄. 우리나라에 도입 준비 중인 의료 로봇 왓슨이 MRI 사진, 뇌파 측정 등의 다양한 의료 기술을 기반으로 반복되는 경우를 분석하고 통계 처리하여 실제로 병에 걸릴 확률과 치료 가능성에 대한 예측을 할 수 잇다는 내용을 스스로 작성함.(후략)'

1. 고등학교 재학기간 중 학업에 기울인 노력과 학습경험에 대해 배우고 느낀 점을 중심으로 기술해 주시기 바랍니다. (1,000자 이내)

학습에 있어서 가장 중요한 것은 개념들의 연계라고 생각합니다. 모든 과목에는 기초가 되는 주요 개념이 있고, 그 개념들을 중심으로 세부적인 내용들이 파생되는 나뭇가지의 형태의 구조가 있다고 생각하여 저는 '나뭇가지 구조도'라는 학습방법을 정립했습니다.

과학과 수학에 이 학습법을 적용시켰습니다. 나무의 기둥을 과목, 나뭇가지를 과목에 해당하는 개념들이라고 생각하고, 구조도를 채워나가기 시작했는데, 처음에는 익숙하지 않았습니다. 생각나는 것들을 마구잡이로 적어가는 방식에서, 체계적으로 접근해 나가고자, 교과서의 목차에 있는 내용들을 기준으로 채워나가기 시작했습니다. 소단원들을 큰 가지에 대응시키고, 세부적인 개념들 중 중요한 것들부터 순서대로 정리하니 알아보기가 좀 더 편해졌습니다. 여기서 멈추지 않고 저는 더욱 풍성한 나무를 만들고 싶었습니다. 선생님의 도움으로 교사용 참고서를 빌려, 빠진 내용들과 심화적인 내용들을 추가하였는데, 학습자의 시선이 아닌, 가르치는 사람의 시선으로 보니 내용이 조금 다르게 보였습니다. 또한 내용들 중에서 실생활에 적용되는 사례는 지식의 결실이라 생각하여 나무의 열매에 대응시켜 구조도를 그

려나갔습니다.

가장 기억에 남는 두 가지 열매가 있었는데, 첫 번째 열매는 NAD이었습니다.

구조도를 이용한 학습법은 교과과정 이외에도 적용 가능했습니다. 생명과학에서 발효에 대해 공부하던 중 산화 환원효소인 NAD^+의 추가적 작용에 대해 궁금증이 생겼습니다. 산화 환원효소가 산소의 공급 등 세포에 중요한 역할을 하고 있다고 생각하였으며, 산화 환원반응과 세포의 수명 사이의 연관성을 구조도로 파악한 후 항 노화인자로써의 기능을 예측하는데 성공하면서 다시 한 번 구조도의 장점을 느낄 수 있었습니다.

남들과는 다르게 시작한 공부법은 처음에는 불안과 의심을 가져왔지만, 제 자신을 믿고 저만의 길을 개척해나가는 방법은 틀리지 않았으며 결국 마지막에 저를 웃게 만들어주었습니다. 겨울에 동파를 예방하기 위해 수도꼭지를 약간 틀어놓는 것처럼, 관련개념이 나올 때마다, 꾸준히 조금씩 정리해 나간 구조도는 공부의 체계성을 극도로 끌어올려 주었습니다.(1000)

2. 고등학교 재학기간 중 본인이 의미를 두고 노력했던 교내활동을 배우고 느낀 점을 중심으로 3개 이내로 기술해주시기 바랍니다. 단, 교외활동 중 학교장의 허락을 받고 참여한 활동은 포함됩니다. (1,500자 이내)

3년 동안 과학학술동아리인 물화생수지에서의 활동은 저에게 많은 영향을 주었습니다.

1학년에는 화학 위주의 활동을 하다가, 의사라는 직업에 대한 동경과 함께 생명으로 분야를 전환하였는데, 심도 있는 활동 소재를 찾던 중, 기사를 통해 노벨상을 수상한 '장소세포와 격자세포'를 접하게 되어 탐구해 보았습니다. 장소세포와 격자세포는 뇌 안에서 위도와 경도의 역할을 하는 일종의 좌표를 생성해, 뇌가 공간을 일정한 간격으로 나눠 파악하도록 하는데, 내비게이션에 대응된다고 할 수 있습니다. '장소 세포'가 특정 지점이나 사물의 형태 등을 기억 하고, '격자 세포'는 공간과 거리에 관한 감지 기능을 수행하여 이 두 기능이 복합적으로 작용하여 사람은 위치에 대한 정보를 파악합니다. 남자는 길 찾기에, 여자는 사물 찾기에 강점을 보이는 현상이 이와 관련이 있지 않나 궁금증을 갖기도 하였습니다.

실제 뇌의 모습을 관찰해 보고 싶었는데 마침 동아리가 가천대학교 뇌 과학 연구소를 방문할 기회가 주어졌습니다. 뇌과학 연구소에서 PET-MRI 와 PET-CT 등을 이용하여 파킨슨병에 걸린 환자들의 뇌 사진을 보았는데, 파킨슨병은 뇌의 흑질에 분포하는 도파민의 신경세포가 소실되어 발생하는 신경계 만성 진행성 퇴행성 질환으로, 치료법은 레보도파가 있다는 것을 알았습니다. 레보도파는 도파민의 전구물질로, 뇌에 도달하여 도파민으로 전환되는 물질인데 뇌 도달 전에 전환되는 것을 방지해 주는 카피도파와 함께 쓰여 어느 정도의 부작용이 있음을 알았습니다. 뇌신경전문의를 꿈꾸는 학생으로서 불치병인 파킨슨병의 치료가 배아줄기세포나 레보도파를 통한 치료가 가능할 수 있겠다 생각하고 더 깊이 연구하고자 하는 마음이 들었습니다.

서울대 평생교육원에서 주관하는 '미리 들어보는 대학 강의'에서 실제 사람의 뇌를 만져보고 관찰한 경험은 해부실험에 대한 적극적인 참여로 이어졌습니다. 해부실험에서 쥐의 뇌혈관을 염색하여 관찰했는데, 포름알데히드와 India ink를 쥐의 심장에 주사하면, 심장박동이 멈추면서 뇌혈관이 염색됩니다. 해부 및 염색이 완전히 진행된 이후에, 뇌혈관을 관찰했을 때, 예상과 다르게 전체혈관의 절반만 염색된 것을 알았습니다.

거꾸로 실험과정을 복기하면서, 포름알데히드와 India ink의 주입 간격이 그 원인이었음을 밝혀낼 수 있었습니다.

이후 염색된 뇌혈관과 다른 장기들의 혈관을 비교하여 차이점을 찾을 수 있었는데 바로 고리구조였습니다. 어떠한 이유로 이러한 구조가 나타났는지 고찰하면서, 혈관의 고리구조가 가지는 생물학적 이점이 원인이라 결론지었습니다. 뇌는 우리 몸에서 가장 이기적인 기관이라고 불릴 만큼 많은 산소와 양분을 사용하는데, 뇌의 수많은 부분들에 빠짐없이 이를 전달하기 위해서 가장 효율적인 구조가 고리

구조라는 것을 알았습니다.

탐구와 실험에서 접한 사실을 수용하는 데 그치지 않고, 그것들이 나타나게 된 원인과, 다른 분야와의 비교를 시도해 보는 자세는 지식을 심층적으로 알게 해주었을 뿐만 아니라, 이후 당면할 수도 있는 문제에 대한 해결능력을 기르는데 도움이 되었습니다.(1500)

3. 학교생활 중 배려, 나눔, 협력, 갈등관리, 리더십 발휘 등을 실천한 사례를 들고 그 과정을 통해 배우고 느낀 점을 기술해주시기 바랍니다. (1,000자 이내)

지역적 특성상, 의료현장의 간접경험이 어려워 꾸준히 봉사할 수 있는 곳으로 OO 노인요양원을 선택하였습니다. 3년은 짧지 않은 시간이었고, 노인인구가 직면한 어려움을 지켜본 소중한 시간이었습니다.

치매초기 할머니의 식사대접 중의 일인데 할머니의 무릎에 침이 꽂혀 있었습니다. 관절통의 완화 침 치료 후, 실수로 침이 남아있었지만, 인지 기능의 장애로 모르고 계셨습니다. 2차 사고의 위험이 있어 담당자분께 말씀드려 조치를 취했으나, 아무것도 모르고 식사대접을 받으시는 할머니의 모습에서 2년간 뇌경색으로 투병하시는 친할머니의 모습이 겹쳐 마음이 아팠습니다. 치매가 삶의 질을 얼마나 저하시키는지 알 수 있었고, 의료적인 처치 외에도 관심을 갖고 지켜봐야 할 상황들에 대한 경험이었습니다. 요양원에는 비약물 치료 방법인

인지훈련치료 프로그램이 있는데 단순 프로그램 반복으로 지루해하시는 분들이 많았습니다. 저는 흥미를 유발하여 할머니, 할아버지의 참여를 더 적극적으로 이끌고 싶었습니다. 고민 끝에 퍼즐과 익숙함, 그리움의 접합을 고안하여 할아버지, 할머니, 가족사진으로 10조각 정도의 직소퍼즐 제작을 제안하였습니다. 사회복지사분의 긍정적 답변으로 퍼즐제작단계를 시작하였으나, 요양원측의 갑작스런 반대에 부딪쳤습니다. 초상권침해의 문제였습니다. 가족의 동의를 얻어 추진해보려 노력했지만, 아쉽게도 차후 프로그램 반영에 적극 고려하겠다는 답변에 만족해야 했습니다.

뇌신경계통을 공부하고 싶은 제게 봉사는 노인 신경계 질환 치료에 대한 새로운 목표와, 줄기세포를 활용한 치료방식에 대한 관심을 주었습니다. 또한, 인지, 행동장애를 동반하는 노인분들의 2차적인 케어문제, 노인 정서문제도 의료진과의 협력을 통해 적극적으로 접근해야할 과제라는 생각을 하게 되었습니다. 다양한 아이디어들을 지속적으로 수집, 개발하여 의료행위와 병행함으로써 주변 가족, 나아가 사회 전체가 더 건강한 삶을 유지할 수 있도록 노력하는 것이 의사로서 가져야할 책임이며 그것이 결국은 나 자신과 가족을 위한 것임을 알았습니다.(998)

달아 달아 밝은 달아

성균관대학교 인문과학계열 합격

달아 달아 밝은 달아

한서영, 성균관대학교 국문학과(계열) 합격, 낮은 등급과 보통 등급 사이

용기의 진정한 의미는 '두려움' 일 것입니다. 용기는 두려워서 다리가 후들거리고 심장이 뛰어도 결국 한 발 한 발 앞으로 내딛는 것입니다. 이 한 걸음을 아무도 이해하지 못하더라도 말이죠. 이것이 쉽지 않다는 것을 저도 압니다. 그러나 결국 이러한 대담한 행동만이 우주가 우리를 위해 준비한 무한의 비전을 향해 나아가는 유일한 길입니다. 당신은 누군가 저 자리에 오를 수 없다고, 저런 사람처럼 될 수가 없다고 하는 쓸데없는 말에 영향을 받지 마세요. 나를 이끄는 단 한 가지는 내가 할 수 있다는 믿음뿐입니다.

– 오프라 윈프리

선택의 비애를 맛본 3년

자율형 사립고를 선택한 것은 사실 부모님의 판단에 따른 것이었다.

"네가 '자사고' 간다고 했어."

내가 불평을 할 때마다 부모님께서는 그렇게 말씀하시고, 그리고 사실 그랬을 테지만, 당시 내가 중학교 3학년이었던 것을 생각하면 좀 더 깊이 생각해 볼 수도 있었을 거라는 생각을 한다.

철없는 중학교 3학년 2학기 말에 지역에서 이름난 '자사고'에 합격하고 얼마나 기뻐했는지 지금도 기억에 선하다. 하지만 그 기쁜 기억은 잠시였다. 3월 모의고사를 그럭저럭 치루고 대체로 부진한 성적을 '더 잘 할 수 있다'는 자기 위안으로 달래던 참에 1학기 중간고사를 맞이하게 되었다.

'자사고'라는 것 때문에 긴장하고 나름대로 중학교 때보다 몇 배는 더 공부하고 시험을 치렀는데, 충격적인 결과를 맞이하게 되었다.

대부분 50점대를 넘지 못하는 점수 앞에서 이게 무슨 일인가? 싶은 마음만 들었다. 내가 정답을 밀려 썼거나, 답안지가 바뀌지 않았나 하는 마음마저 들었다. 시험을 어렵사리 치르긴 했어도 이제까지의 경험으로 미루어 긴가민가 하는 문제들이 나름대로 의외의 결과를 보여주거나 서술형의 문제들도 평균 이상의 성적을 내고는 했었다.

충격은 부모님도 마찬가지였다. 은근히 '서연고' 갈 정도라며 기대에 찼던 부모님의 바람이 한숨으로 바뀐 듯했다. '서연고'는커녕 '인서울'도 어렵다는 실망감이 들었던 것이다.

'강적들을 만났기 때문이지.'

나의 강점 중 하나가 사태 파악을 빨리하고 약간의 오기심이 있다는 것이다. '두고 보자'하고 속으로 기말고사를 별렀다.

태어난 이래로 가장 열심히 공부했다고 자부할 수 있는 기말고사에서 나는 정말 조금, 성적이 오르긴 했지만 따지고 보면 중간시험 때와 별반 다르지 않았다. '이건 아닌데' 하는 생각을 할 수밖에 없었다.

'이건 어쩌다 이렇게 된 게 아닐 것이다.'

하는 생각이 그 때부터 들기 시작했다. 고등학교 일학년, 넘지 못할 거대한 장벽이 내 앞에 그 모습을 드러낸 것이다.

그 이후 나는 그 장벽을 시원스럽게 넘어본 적이 없다. 나만 그런 것은 아니다. 주변의 내 친구들 모두가, 심지어 수위권을 다투는 친구들조차도 자기 나름의 거대한 장벽을 앞에 두고 전전긍긍 하고 있다는 것을 알았다.

'이것이 대체 어디에서 연유한 것일까?'

이 학교에서 생활하면서 차츰 깨닫게 된 것이지만, 그건 하나의 '실체'로써 실제로 존재하는 것이 아니었다. 그랬다면 어떻게든 넘을 수 있었을 것이다. 이 장벽은 학생들 하나하나가 그물처럼 서로 연결되어 경쟁하는 그 메카니즘 사이 어디선가 생겨나는 괴물 같은 것이고, 그 하나하나의 학생들이 서로 이기려고 노력할 때마다 그물은 훨씬 새롭고 견고해지는 것이었다. 괴물은 생명체처럼 그때그때마다 변화하고 더 단단하고 높은 장벽으로 진화하는 것이었다.

문제는 대학입시였다. 2학년을 맞이하면서 나는 전략을 일부 수정하기로 했다. 5등급대에서 4등급으로 향상시키고, 가능하다면 3등급대를 찍는 정도로 목표를 현실화 시켰다. 전공분야를 특정하고 전공적합성을 강화하여 '학생부 종합전형'을 활용하고자 한 것이다. 선택 했다기보다는 실제로는 선택의 여지가 없었다. 오직 이 길뿐이었다. 입시를 포기 할 수는 없었으니까.

학교에서는 논술전형을 적극적으로 권유했고 처음에 해볼 생각도 강했지만 차츰 '이것은 외부로 확장된 형태의 기말시험과 다를 바 없다'는 생각이 들었다. 한 2년 간 광범위한 지식과 숙련된 기술을 쌓아 전국의 학생들과 겨루는 '시험'이었던 것인데, 그 결과는 지금 학교 내에서 치르는 중간, 기말시험과 다르지 않을 것이라는 생각이었다. 그 생각에는 K도 동의했다.

문과를 택한 나는 한동안 '미디어', '커뮤니케이션', '신방과', '국어교사' 등의 학과를 배회하며 나와의 궁합을 따지는 일을 했다. 그 과정에서 내가 모르던 많은 것들을 알게 되었다. K가 말했다.

"대학은 자격증을 주는 곳이 아니다. 졸업장을 줄 뿐이다. 그 다음부터는 네가 알아서 해라, 이거지."

당연한 말이었지만 깊이 생각해본 일은 없었다.

"의대, 간호대, 교대, 사범대, 경찰대 등 특수대 등에서나 자격증을 주지, 다른 모든 대학은 어떤 직업을 갖기 위해서 가는 곳이 아니다."

"그러면요?"

직업을 갖기 위해서가 아니라니? 그건 좀 의외였다.

"경영학과를 나오면 씨이오(CEO)가 된다고 생각하지만 그건 큰 오산이다. 아버지 회사를 물려받기 전에는 CEO 되기 어렵다. 실제 창업한 CEO

들은 다 자기 분야의 전문가들이다. 빌게이츠, 스티브 잡스, 안철수가 그렇고, 마크 주크버그의 전공은 컴퓨터와 심리학이었다."

"심리학이라구요?"

"대학에서는 경영학이 무엇을 배우는 것이구나, 알게 되고 그걸 배운 후, 어디 가서 써먹으면 좋을까? 자기 입장에서 생각하는 거다. 이 지점에서 경영자도 되고, 취업도 하고, 창업도하지."

미처 생각지 못한 일이었다. 그러고 보니 '황금 종려상'의 영화감독 봉준호가 사회학과 출신이라는 사실이 떠올랐다. 길은 어디로든 연결되는 것이구나 하는 생각이 들었다.

"그러니까 우린 대학 입학에 대해서만 생각하면 된다. 어느 학과에 갈 것인가? 직업을 얻는 것은 그 다음 대학에서 생각할 일이다. 길은 셀 수 없이 많으니까."

나는 대단히 현실적인 판단이라 느꼈다.

"근본적으로 어느 한 가지를 전공하여 평생 직업을 얻겠다는 생각은 이제 버려야 한다. 대학 4년 배운 걸로 전에는 평생 먹고 살았다. 하지만 지금은 단 몇 년 동안의 밥벌이라도 가능하겠니?"

"........."

달아달아 밝은 달아

대학에 지원하는 학과는 의논 끝에 '국문학과'를 선택했다. K에 의하면

'인기 없는 학과이기는 하지만 그래서 역설적으로 실속을 차릴 수 있는 학과이며 융통성이 크다는 이유'였다.

"앞서 말했듯이 직업교육을 받는 특수 대학, 학과를 제외하면 문이과 통틀어 앞으로 살아남을 학과가 별로 없다. 인공지능 시대니까."

그러니 복합적 창의력과 상상력을 바탕으로 한 창조적 분야에서 일하는 것이 가장 좋은 분야가 될 것이라는 것이 그의 지론이었다.

"유망한 분야는 콘텐츠 분야다."

"듣기는 했지만 자세히는 몰라요."

"광양불고기 유명하지?"

"유명하긴 한데 맛은 별로던데요."

"그래도 광양하면 떠오르는 것이 광양불고기더라. '천하일미 마로화적', 들어봤어?"

"마로화적요?"

"이 지방 옛 지명이 마로더구나. 마로 산성도 있고……. 귀양 왔던 조선시대 선비가 아이를 가르치고 소불고기를 대접 받았는데 그 맛이 기가 막혀 '천하일미 마로화적'이라 했다더라. 그냥 전해지는 말 그대로 전설이지, 하하. 그로부터 광양불고기를 '천하일미 마로화적'이라고 하는데, 그만큼 좋은 육질에 맛있는 불고기였다는 말이겠지."

"에, 별로였어요."

"하지만 그 말을 듣고 먹어보면 약간 색다른 맛이 나지. '천하일미 마로화적'라는 말 때문에 서울에서는 많은 사람들의 광양불고기집을 찾는다. 여기서 그 '천하일미 마로화적'이 콘텐츠에 해당하는 거다. 중국에도 비슷한 말이 있어. '동파육' 같은 거. 스토리텔링이라고 할 수 있지."

"국문학과에서 그런 걸 배우나요?"

"문학과 어학을 배우는 곳이 국문학과지."

"그럼 왜 국문학과를?"

"문학이 인기 없는 것이 됐지. 말하자면 어떤 형식으로든 변하지 않으면 살아남을 길이 없어. 국문학만 그런 것은 아니지만…… . 어쨌든 문학을 하나의 기초자료로 본다면 그것으로 할 수 있는 일은 매우 많다. 영화, 연극, 드라마, 심지어 게임스토리까지 그 범위에 들어간다."

"아하!"

"문학을 새로운 문화와 산업의 기반으로 사용하는 거다. 콘텐츠 산업의 한 축이 될 수 있지."

"그렇다면 차라리 문화콘텐츠학과나 지식콘텐츠 학과에 가야하는 거 아닐까요?"

K가 말했다.

"그런 학과에서는 주로 이론과 내용을 배우는데, 그건 기술에 해당하는 거지. 정말 중요한 것은 '어떻게'가 아니라 '무엇을'이 중요하다. 그 중 중요한 하나가 문학이 될 수 있지. 봉준호가 잘한 건 어떻게 찍냐가 아니라 어떤 영화를 만드냐 하는 것인데, 그걸 생각해 보면 된다."

K는 그러면서 최인훈의 '달아달아 밝은 달아'를 읽어보라 권했다.

충격적 패러디

'달아달아 밝은 달아'는 충격 그 자체였다. '효녀 심청'이 '갈보 심청'이 될 수 있다는 사실이 경악스럽게 느껴지기도 하였다. 그런 대단한 역설이 있음에도 책을 읽는 사람들에게 어떠한 개연성을 부여할 수 있다는 사실이 놀라웠다. '효녀 심청'이 고리타분한 가치관의 주입을 강요한다면, '달아달아 밝은 달아'는 현실성 있는 인물묘사와 빠른 전개, 현실 반영 등으로 재미있게 읽히는 작품이었다.

"전복적 사고라고, 좀 어려운 말로 표현하기는 하지."

"전복이요?"

"뒤집어엎는다는 말이야. 새로운 시각으로 기존의 통념을 뒤엎는 거지. '달아 달아 밝은 달아'는 하나의 작품이 새로운 시각으로 재구성 될 때 어떤 효과를 발휘할 수 있는지 확인할 수 있는 작품이지. 재창작이라고 할 수 있어."

이런 과정을 거쳐 2학년 말 학교생활기록부의 진로 희망 란에 학교 선생님과 의논하여 '문화(지식)콘텐츠 기획자'로 작성했다. 희망 사유에는 '작가의 생각과 세계관이 그대로 작품에 구현되는 것을 보고 창작의 가치에 주목함. 문학이 인간의 감정이나 한 사회와 세계를 표현하는 주요한 수단이며 다른 예술 분야의 기초가 된다는 것을 깨닫고 국내외의 문학과 지적 저작물을 다양한 매체와 결합, 활용하고 싶다는 생각을 하게 됨.'이라고 적었다.

1학년 때 막연하게 '언론인'이라고 적었던 것에 비하면 매우 구체적인 희망이었다.

문화 기획이란 무엇인가

다음은 진로 분야에 대한 적극적 학습과 활동이었다. 그렇지만 학교라는 제한된 공간 내에서 할 수 있는 일을 그리 많지 않았다.

내가 2학년을 통과하면서 했던 활동은 다음과 같다.

'자율동아리 copyright'

'인쇄물 광고에 대한 논문을 읽고 이를 발표함. 이 과정에서 알게 된, 광고 기법을 활용해 교내 새치기 방지 캠페인에 활용하고 동아리 홍보영상을 아이폰 카피를 패러디하여 제작함.

이 동아리는 내가 주도가 되어 만들었으며 동아리 이름은 '저작권'이라는 뜻이다.'

'진로활동'

'K-mooc에서 '문학이란 무엇인가'를 수강하며 문학에서 어떤 문장도 의미 없이 쓰인 것이 없음을 알게 됨. 지식이 깊을수록 문학을 이해하고 감상할 수 있는 폭과 질이 높아진다는 것을 깨닫고 지식을 확장시킬 필요성을 느낌. 가능한한 분야에서 '문학'과의 접목을 시도하며 전문성을 쌓았다.

진로의 날, 영상 크리에이터 강연을 수강함. 콘텐츠란 일상생활과 문화현상에 대한 세심한 관찰로부터 오며 현대는 소셜미디어를 기반으로 누구나 콘텐츠를 제작할 수 있는 정보생산자임을 깨달음. 콘텐츠의 기반이 문학, 역사, 문화, 철학, 예술 등임을 인식하고 평소 관심이 있던 인도와 중앙아시아의 신화와 설화를 바탕으로 한 문화콘텐츠의 가능성에 주목, 주요한 신화와 전설을 찾아 공부함.'

이 과정의 공부를 위해 문학과 신화, 전설, 역사 등에 관한 많은 책들을 읽었다. 특히 중앙아시아, 인도의 신화 전설에 대한 책은 재미도 있었지만 신화 전설에서 다루는 내용이 디테일이 약간 다를 뿐, 다른 지역, 다른 시대와 교훈과 지향이 비슷하구나 하는 생각을 가질 수 있었다. (이런 것이 인간의 보편적 정서일까?)

'라마야나'는 인도의 대표적인 서사시인데 그 내용과 이야기의 전개, 주제에 있어 다른 시대, 다른 나라의 신화전설과도 맥이 닿아있는 작품으로 많은 재미와 지식을 얻을 수 있는 작품이었다.

가장 두드러지게 관심을 기울인 활동은 교내 축제였다. K가 말했다.

"이것이야말로 네가 너의 창의성과 기획력을 가장 잘 보여줄 수 있는 기회다."

나에게도 기회가 왔다. 축제 준비위원회 위원으로 선발된 것이다. 나는 새롭고도 흥미를 느낄 수 있으며 참여율을 높일 수 있는 방안을 구상하기 위해 주변의 여러 축제들을 공부하고 이를 창조적으로 적용할 수 있는 부분에 많은 노력을 기울였다. 여러 가지 행사 기획안을 작성하여 준비위에 제안하였으며 대부분 채택 되어 행사에 큰 도움을 주었다.

이를 표현한 학교생활기록부의 내용을 요약하면 다음과 같다.

'자율활동'

'축제준비위원회 위원으로서 동아리 부스와 전시 기획을 맡아 진행함. 세심함과 창의력으로 제안한 기획안들이 모두 채택되어 주도적으로 축제 준비를 수행함. 순천만 국가정원의 '꿈의 다리'에서 영감을 얻어 계단 벽 한 면을 글자로 가득 채운 거대한 규모의 '레터 월', '크리스마스 트리'에서 영감을 얻어 트리에 소원을 적어 달 수 있게 만든 '소원 트리' 등 기획했던 것을 그대로 재현하여 교사들과 학생들의 감탄을 자아냄. 특히 기획부터 모든 것을 맡아 동아리 부스 시간에 전체 방송으로 진행함. '광철라디오'는 신청곡, 전화 연결 퀴즈, 사연 읽어주기 등의 이벤트로 학생들의 많은 호응을 이끌어 냄.'

이렇게 자세히 적어 주신 선생님들께 지금도 감사한다. 내가 기획한 행사에 반응하고 이끌린 것은 당시의 학생들만이 아니었을 것이다. 지원한 대학교의 입학 담당 교수님들께서도 상당히 많은 관심을 가지게 된 내용이었을 것이다.

이 외에도 많은 활동이 있었고 이들은 모두 나의 학업 능력, 그리고 전공에 대한 애정과 공부 과정을 표현하는데 초점이 맞추어져 있었다.

이러한 활동과 학습은 3학년 때까지 이어졌다. 그리고 '정말 이런 것으로 대학을 갈 수 있을까?' 하는 불안감도 내내 이어졌다. 성적만이 유일한 평가 대상이라는 관념이 뇌리에 깊이 배어있었던 것이다.

입시 실전

진학 희망 학과를 정한 이후 나는 조금도 그 목표를 벗어난 적이 없었다. 앞서 말했듯이 나는 문화와 문학, 지식 콘텐츠에 관심을 가지고 있었고 그에 대한 공부를 해왔지만 막상 지원서를 내야 할 곳은 국문학과였다. K가 말했다.

"국문학과에서 무엇을 배우지?"

"주로 어학과 문학이요."

"그런 국문학과에서는 어떤 학생을 원할까?"

"어학이나 문학에 많은 관심과 공부, 조예를 가진 학생이요."

"그걸 어떻게 표현하지?"

내가 선택한 것은 '채식주의자'였다. 우리나라 최초로 '맨부커 상'을 받은 소설책으로, 세계적으로 유명해졌던 책일 뿐만 아니라, 다루는 내용이 심오하다는 평을 받고 있는 책이었다.

"읽었니?"

"많이 야해요."

"그런 거 말고. 문학적으로."

"잘 모르겠어요."

"네가 정말 문학가가 되거나, 문학평론을 한다면 깊이 있게 이걸 비판해 봐야 한다고 생각한다. 번역본은 모르지만 원어판은 소설적으로 봐서 아주 형편없다는 생각이다."

"왜요?"

"말하자면 길지만, 이외수의 '꿈꾸는 식물'과 비슷한 모티프를 가진 것 같고, 구성이 짜임새가 없으며, 형부의 욕정이 예술적 작용인지, 그저 욕정인지도 모르겠고, 그저 마땅히 붙일 곳이 없어서 갖다 붙인 느낌이더라. 꿈 때문에 채식주의자가 된 것도 그렇고 가족 갈등도 인과가 없어. 서사구조의 뼈대도 없고 현란한 말솜씨와 난삽한 삽화 몇 장이 들어간, 생각 없이 쓴 수필문 정도의 수준이지 세계적 명작은 어림도 없다."

"그렇지만 세계가 인정한 작품이잖아요?"

"번역본 읽어 봤니?"

"해석이 명료하지 않은 부분은 있었지만 이해는 할 수 있었어요."

"그 얘길 써 봐."

　그래서 자기소개서 1번 항목에는 '채식주의자' 번역본에 대한 얘기가

들어갔다. K는,

"문학에 대한 너의 관심과 흥미, 그리고 영어 실력까지 표현할 수 있을 것이다." 하고 적극 권유했다.

"어림없는 졸작이라고 쓸까요?"

"네가 문학평론을 할 것이라면 과감하게 쓸 만도 하지. 하지만 넌 콘텐츠니까."

그렇게 완성한 1번 문학의 내용 일부는 다음과 같다.

'원작과 번역본을 비교하며 읽으면서 번역에 대한 제 생각과 'The veg-etarian'에 구현된 번역이 많이 다르다는 것을 알게 되었습니다. 문장과 단어 표현의 정확성에만 집중했기 때문에 제 번역본은 시가 주는 의미마저 훼손되는 느낌이 있었습니다. 이와 달리, 'The vegetarian'에서는 원작의 작품의 스토리에 주목하여 번역본이 아니라 영국에서 출판된 문학서와 같은 느낌을 주고 있었습니다.

예를 들어, '맛없어 보이는' 미역국을 'going to taste of water and nothing else'라고 표현하여 미역국을 모르는 외국인들에게 '맛없다'는 느낌을 떠올리게 하고, '뽀얗게'를 'her face was practically bloodless, almost as white as milk'라고 표현하여 우리말의 어감을 잘 살렸습니다. 외국인들이 한국의 문화를 이해할 수 있도록 조금의 부연설명을 자연스럽게 붙이거나, 우리말의 어감을 살리면서 영어로 표현한 점이 인상 깊었습니다.

두 작품을 비교하며 등장인물의 감정과 단어 하나하나의 의미를 생각하면

서 읽었기 때문에, 등장인물들의 감정들에 몰입되어 처음에 이해하지 못했던 것이 다가오기 시작했습니다. 또한 문학작품을 번역하는 것이 단순히 다른 언어로써 전달하는 것만이 아니라, 문화의 차이에 대한 이해를 바탕으로 문화의 간극을 좁혀 보편적으로 이해가 될 수 있도록 재창조하는 것이 번역의 역할임을 깨닫게 해주었습니다.'

"2번 항목은 문학의 가치나 효용에 대한 것이 좋겠지."
그래서 '82년생 김지영'을 주제로 하여 작성하였다.

문학 서평 쓰기 수행평가에서 '82년생 김지영'으로 서평을 썼습니다. 틔움 수업 중, 페미니즘과 여혐사상에 대해 공부했던 저로서 시사 할 점이 많은 책이었습니다. '김지영'이라는 인물을 알레고리적 기법을 통해 한국 여성으로 해석하였습니다. 신문 기사와 통계자료로 각주를 달아 단순히 허구적인 이야기가 아니라 여성이 불이익을 받아온 한국 사회의 단면을 객관적으로 비판했다는 점에서 그 근거를 찾을 수 있었습니다. 이는 베스트셀러가 됨으로써 여성의 사회적 위치, 저출산 등을 주제로 인터넷 공론장을 만들었습니다. 저널리즘이 수행하지 못했던 기능을 문학이 해냈다고 생각합니다. 이를 통해 문학은 사회의 모순을 비판하고 더 나은 세상을 상상하게 하는 사회적 기능을 수행해야 함을 깨닫게 되었습니다. 문학을 통한 창조적 직업을 희망하는 제가 장차 수행해야 할 역할이라고 생각했습니다.'

그 외에 '천하일미 마로화적'이 들어갔고, 축제 기획위원으로서의 활동이 들어갔다. '전복적 기법'으로 볼 수 있는, '낯설게 하기' 슈클로프스키에 대한 공부 내용도 들어갔다.

서류 작성을 끝내고 수능을 본격적으로 준비한다고 했지만 실제 공부가 잘 되지는 않았다. 그로부터 면접 준비 외에 내가 할 일은 별로 없었다.

반전의 반전

결국 원서를 쓰면서 가장 기초가 된 것은 모의고사 성적이었다. 2,3 등급을 유지하는 수능 모의고사를 기준으로, 9월 원서 접수 후 남은 3개월간 더 공부한다는 것을 전제로, 지원 대학의 마지노선을 정했다.

성균관대, 중앙대, 경희대, 건국대, 동국대, 숙명여대가 지원 대학이었고 학과는 성균관대 인문과학계열 외에 모두 국문학과였다.

원서접수 후 수능 공부에 올인 하려고 했지만 생각대로 되지 않았다. 마음이 일단 허공에 붕 뜬데다가, 어떻게 될지는 모르지만 면접 준비도 소홀히 할 수 없었기 때문이다.

학교와 주변 친구들에게 내가 지원한 학교를 말하기도 어려웠는데, 최종 3등급 후반의 성적으로 그러한 학교를 썼다는 것에 비웃음을 살까 두려웠기 때문이었다.

초조한 나날을 보내며 발표 날짜를 기다렸다.

가장 먼저 발표하는 대학은 숙명여대였다. 발표를 며칠 앞두고 조울증을 반복하느라 기운을 차릴 수 없었는데 발표 결과는 일차 합격이었다. 오랜 기다림 끝에 아, 감동의 눈물이 났는데, K가 말했다.

"너무 좋아하지 마라. 숙대는 운이 좀 작용한 셈이다."

그 말이 맞았는지 모른다. 이어서 발표한 동국대학교, 건국대학교 일차에서 모두 떨어진 것이다. 아, 절망이 찾아왔다. 절망이라기보다는 그건 공포에 가까웠다. 가장 약한 대학에 떨어졌다는 사실, 그러므로 다른 대학은 기대도 할 수 없다는, 절망감이 들었다. 그저 앞이 캄캄해지는 상황이었다. 설상가상으로 숙대 면접 결과는 대기 11번 이었다.

'어림도 없는 짓을 한 셈이다.'

아 그 당시, 나는 내 성적으로 그 정도의 대학에 지원서를 낸 것을 뼈저리게 후회했다. 뒤늦게 수능 공부라도 해야 했으나 마음은 이미 공부할 상황이 아니었다.

눈물이 펑펑 났는데, K가 말했다.

"너무 실망마라. 숙대는 '추합' 범위 내이고 다른 대학도 기대할 만하다."

그렇지만 그런 말이 내 귀에 들어오겠는가. 단순히 나를 위로하기 위한 말일 뿐으로 생각하고 나는 더욱 비감해졌다. 엄마를 붙들고 또 하염없이 울었다.

정말 기대할 수도 없었던 중앙대, 경희대학교의 일차 발표를 보고 나는 뒤로 자빠질 뻔했다. 중앙대, 경희대 일차 발표에서 합격 하였습니다, 축하 메세지와 내 이름이 나란히 뜬 것이다.

아, 이것이 무슨 일인가.

꿈인지 생신지 모를 정도로 정신이 황망하던 참에 성균관대 발표가 났다. 면접도 없는 전형이었는데 최초 합격자에 내 이름이 있었다.

나는 눈물이 참 많은가 보았다. 주르륵 그저 눈물이 흘러내리는데 엄마를 붙들고 아무 말도 할 수 없었다.

학교에서는 학교선생님들과 친구들의 따뜻한 축하를 받았다. 부러움과 놀라움이 묻어났다.

K에게 나는, 카톡을 보냈다.

"고등학교 2학년 때 선생님을 만나 제가 무엇을 좋아하는지, 무엇을 하고 싶은지에 대해 알 수 있었습니다!

자존감이 낮던 제게 많은 용기를 주셨구요. 감사합니다. 앞으로도 노력하고 전진하는 사람이 되겠습니다~~"

⌐후일담

"이게 어떻게 된 거예요? 정말 내가 성균관대에 합격할 줄 아셨어요?"

K가 말했다.

"동대는 문학가를 원하지. 말하자면 네가 하고자 하는 방향이랑 다른 거지. 건대는 동대와 비슷하면서도 성적을 중시하는 경향이 있어. 아마도 그 학교가 네게는 가장 어려운 대학이었을 거다."

"그럼 다른 대학은?"

"경희대는 좀 별개로 하고, 성대나 중대의 경우 여러 요인이 복합적으로 있겠지만 네가 하려는 방향에 비중을 두고 있는 대학이라 할 수 있지. 말하자면 전향적이라고나 할까? 숙대는 좀 의외였어."

"그럼 이런 것을 미리 염두에 두었던 건가요?"

"아인슈타인이 이렇게 말했다. 신은 주사위를 던지지 않는다. 모든 게 인과가 있다는 말이다."

K가 웃었다.

"너는 운이 좋은 편이지만 노력도 대단했다."

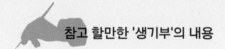 **참고 할만한 '생기부'의 내용**

'진로 희망 사항'

'문화(지식)콘텐츠 기획자 : 시, 소설 등을 읽고 쓰거나 미술에도 일가견이 있으며 문학작품에 작가의 생각과 세계관이 그대로 작품에 구현되는 것을 보고 창작의 가치에 주목함. 문학이 인간의 감정이나 사고, 한 사회와 세계를 표현하는 주요한 수단이며 다른 예술 분야의 기초 예술이 된다는 것을 깨닫고 국내외의 문학과 지적 저작물을 다양한 매체와 결합, 활용하고 싶다는 생각

을 하게 됨. 창의성과 기획력을 바탕으로 문화와 지식콘텐츠 기획자를 희망함.'

'진로활동'

'사제동행 독서토론 동아리 '틔움'을 수강하면서 매주 또는 격주마다 신문 사설 비교하는 글쓰기를 통해 현실의 문제에 대한 비판적 시각을 키움. 독서 토론 주제수업 '인문학 입문'과 '미디어와 저널리즘'을 수강함. '세상을 바꾼 미디어'를 읽고 영화 '제 5계급'을 감상하며 기존의 매스미디어와 새로운 미디어의 관계와 역할에 대해 생각해 봄. '미디어의 이해', '저널리즘의 기본 원칙' 등의 일부 글을 발췌하여 언론과 미디어가 어떤 연관성을 가지고 있으며 언론의 본질적 기능과 미래 언론의 모습은 어떤 것인지 숙고하고 토론하는 시간을 가짐.'

'영상크리에이터의 강연을 수강하면서 콘텐츠란 일상 생활과 문화 현상에 대한 섬세한 관찰로부터 오며 현대는 소셜 미디어를 기반으로 누구나 콘텐츠를 생산할 수 있는 정보생산자임을 깨달음. 또한 콘텐츠의 주요 기반이 문화, 문학, 역사, 철학, 예술 등임을 인식하고 평소 관심을 가지고 있던 인도와 중앙아시아의 신화와 전설을 바탕으로 한 문화 콘텐츠의 가능성에 주목, 주요한 신화와 전설 등을 찾아 공부함.'

''K-MOOC에서 '문학이란 무엇인가'를 수강하면서 문학의 어떤 것도 의미 없게 쓰인 것이 없음을 알게 됨. 지식이 깊을수록 문학 작품을 감상할 수 있는 폭과 질이 높아진다는 것을 깨닫고 지식을 확장할 필요성을 느꼈으며 문학의 현대성에 주목하여 세상과의 단절이 이루어질 때 현대적 정의가 실현된다는 의미를 깨닫기 위해 노력함.'

'축제 준비위원회 위원으로서 동아리 부스와 전시 기획을 맡아 진행함. 특유의 세심함과 창의력으로 제안한 기획안들이 모두 채택되어 주도적으로 축제준비를 수행함. 순천만 국가정원 '꿈의 다리'에서 영감을 얻어 계단 벽 한 면을 글자로 가득 채운 거대한 규모의 '레터 월'. '크리스마스트리'에서 영감을 얻어 트리에 소원을 적어 달 수 있도록 만든 '소원 트리' 등 기획했던 것을 그대로 재현하여 전시해 교사들과 학생들의 감탄을 자아냄. 특히 기획부터 모든 것을 맡아 동아리 부스 시간에 전체 방송으로 진행한, '광철라디오'는 신청곡, 전화 연결 퀴즈, 사연 읽어주기 등의 여러 이벤트로 학생들의 많은 호응을 이끌어 냄.'

자기소개서 전문

1. 고등학교 재학기간 중 학업에 기울인 노력과 학습경험에 대해 배우고 느낀 점을 중심으로 기술해 주시기 바랍니다. (1,000자 이내)

독서활동으로 한강의 '채식주의자'를 읽었습니다. 국내 소설로는 최초로 맨부커상을 받은 작품이어서 이에 대한 학급 친구들 간 토론이 있었습니다. 어떻게 '채식주의자'가 세계인들의 마음을 사로잡았는지가 궁금해졌고, 이는 '채식주의자'의 번역본에 대한 관심으로 이어졌습니다. 자율 동아리에서 진행했던 한국 문학의 영어 번역, 한국 드라마 영어 번역 등의 꾸준한 활동을 통해 한국어의 의성어, 의태어, 서술어의 다양한 활용에 따른 느낌 등을 영어로 표현하는 어려움을 잘 알고 있었기 때문입니다.

원작과 번역본을 비교하며 읽으면서 번역에 대한 제 생각과 'The vegetarian'에 구현된 번역이 많이 다르다는 것을 알게 되었습니다. 문장과 단어 표현의 정확성에만 집중했기 때문에 제 번역본은 시가 주는 의미마저 훼손되는 느낌이 있었습니다. 이와 달리, 'The vegetarian'에서는 원작의 작품의 스토리에 주목하여 번역본이 아니라 영국에서 출판된 문학서와 같은 느낌을 주고 있었습니다.

예를 들어, '맛없어 보이는' 미역국을 'going to taste of water and nothing else'라고 표현하여 미역국을 모르는 외국인들에게 '맛없다'는 느낌을 떠올리게 하고, '뽀얗게'를 'her face was practically bloodless, almost as white as milk'라고 표현하여 우리말의 어감을 잘 살렸습니다. 외국인들이 한국의 문화를 이해할 수 있도록 조금의 부연설명을 자연스럽게 붙이거나, 우리말의 어감을 살리면서 영어로 표현한 점이 인상 깊었습니다.

두 작품을 비교하며 등장인물의 감정과 단어 하나하나의 의미를 생각하면서 읽었기 때문에, 등장인물들의 감정들에 몰입되어 처음에 이해하지 못했던 것이 다가오기 시작했습니다. 또한 문학작품을 번역하는 것이 단순히 다른 언어로써 전달하는 것만이 아니라, 문화의 차이에 대한 이해를 바탕으로 문화의 간극을 좁혀 보편적으로 이해가 될 수 있도록 재창조하는 것이 번역의 역할임을 깨닫게 해주었습니다. (997)

2. 고등학교 재학기간 중 본인이 의미를 두고 노력했던 교내활동을 배우고 느낀 점을 중심으로 3개 이내로 기술해주시기 바랍니다. 단, 교외활동 중 학교장의 허락을 받고 참여한 활동은 포함됩니다. (1,500자 이내)

사제동행 독서토론 동아리 '틔움'에서 미디어, 문학, 언어학 등의 여러 분야의 지식을 쌓았습니다. 그 중 '성과 사회'를 주제로 '모성애는 발견인가, 발명인가'라는 토론을 진행하였습니다. 모성애는 성스럽게 여겨지는 여성의 본성이라고 생각했습니다. 그런데 '모성애의 발견'이라는 책에서 모성의 역사를 공부하면서 산업사회 전 농업사회에서는 가정은 일종의 경제 공동체였고 아이는 노동력으로 간주되었기 때문에 무관심으로 키워졌다는 내용은 제게 충격을 주었습니다. 모성애라는 개념은 현대에서 '집에서 아이를 양육하는 어머니'를 이상적으로, '직장을 위해 아이를 맡기는 어머니'에게는 차가운 시선을 보내는 사회적 분위기의 한 축이었기 때문입니다.

　문학 서평 쓰기 수행평가에서 '82년생 김지영'으로 서평을 썼습니다. '틔움' 수업 중, 페미니즘과 여혐사상에 대해 공부했던 저로서 시사 할 점이 많은 책이었습니다. '김지영'이라는 인물을 알레고리적 기법을 통해 한국 여성으로 해석하였습니다. 신문 기사와 통계자료로 각주를 달아 단순히 허구적인 이야기가 아니라 여성이 불이익을 받아온 한국 사회의 단면을 객관적으로 비판했다는 점에서 그 근거를 찾을 수 있었습니다. 이는 베스트셀러가 됨으로써 여성의 사회적 위치, 저출산 등을 주제로 인터넷 공론장을 만들었습니다. 저널리즘이 수행하지 못했던 기능을 문학이 해냈다고 생각합니다. 이를 통해 문학은 사회의 모순을 비판하고 더 나은 세상을 상상하게 하는 사회적 기능을 수행해야 함을 깨닫게 되었습니다. 문학을 통한 창조적 직업을 희망하는 제가 장차 수행해야 할 역할이라고 생각했습니다.'

　문학과 문화가 스토리텔링을 형식기반으로 문화콘텐츠화 될 때 많은 경제적 가치를 창출함을 알게 되었습니다. 이에 대한 관심으로 친구들을 모아 자율 동아리 'storyteller'를 결성하였습니다. 스토리텔링을 접목한 사례로서 '광양 불고기 특화 거리'를 친구들에게 발표하였습니다. 광양 불고기는 '천하일미 마로화적'이라는 말에 담겨있는 광양불고기의 유래에서 발생한 저희 지역의 중요한 음식 문화로써 어렸을 때부터 접해온 익숙한 소재였습니다. 단순한 음식 소재만을 가지고 음식 테마거리를 만들기보다 중심 스토리를 기반으로 지역과 지역민과 얽힌 여러 스토리를 발굴해내고 장인의 전문성, 조리

법의 차별화 등의 부차적인 스토리가 장소에 긴밀히 연결될 때 소비자의 마음을 사로잡을 수 있다고 생각했습니다. 예를 들어 일본의 아오바요코초 오뎅거리는 80년 동안 이어져 온 음식테마거리로, 아버지의 고향인 '나고야'를 간판으로 내건 50년 역사의 오뎅집 등의 정감 있고 전문성을 드러내주는 스토리가 곳곳에 숨어 있었습니다. 이로 인해 사람들이 꾸준히 찾는 관광지가 되었습니다. 아직 광양의 불고기 특화거리는 그 부분이 미흡한 것 같았습니다.

문학은 이야기 구조가 복합적이고 탄탄하다는 점에서 원천소스로서의 기능을 독특히 해낼 것입니다. 그러나 문학 역시 테마파크, 게임, 영화 등으로 문화콘텐츠화 될 때, 단순히 문학의 스토리에만 머물 것이 아닌 매체에 맞는 긴밀한 재창조가 이루어져야 함을 알게 되었습니다. (1497)

3. 학교생활 중 배려, 나눔, 협력, 갈등관리, 리더십 발휘 등을 실천한 사례를 들고 그 과정을 통해 배우고 느낀 점을 기술해주시기 바랍니다. (1,000자 이내)

2학년 때, 축제 준비위원회에 지원하여 활동하였습니다. 각자 내 축제 기획안들의 이름을 가리고 좋은 기획안에 투표하는 방식으로 기획안을 채택하였는데, 제가 낸 기획안들이 모두 선택되었습니다. 그렇기 때문에 제가 낸 아이디어에 모두 참여하여 주도적인 위치에서 그 기획안들을 구체화 해야 했습니다. 축제 준비 기간 중, 기말고사 기간이 겹치자 하나 둘씩 빠지는 팀원들이 생겼습니다. 저는 기획안을 낸 사람으로서 책임감 있게 일을 진행해나갈 때, 팀원들의 본보기가 된다고 생각했습니다. 저는 단순히 나무라기보다는 '전교생 레터월' 도안과 모델을 만들어와 자세한 설명과 함께 도움을 청하는 등 먼저 솔선수범하여 팀원들의 도움을 요청했습니다. 팀원들은 그런 저의 노력하는 모습에 일을 분담하여 함께 진행해 나가기 시작했습니다. 그 결과, 축제 기간 내에 '라디오 기획', '전교생 레터월' 등 작년에 없었던 큰 규모의 결과물들을 성공적으로 만들어낼 수 있었습니다. 특히 '전교생 레터월'은 교장 선생님의 권유로 축제 기간 후에도 한참 걸려 있었습니다.

교육봉사동아리 '비추미'로서 태인 지역 아동센터에서 2년 동안 중학생들을 대상으로 교육 봉사 활동을 하였습니다. 가르치는 것이 좋아 지원하게 되었었는데, 제 열의와는 달리 의욕이 없는 아이들에게 공부를 억지로 가르치는 것은 힘든 일이었습니다. 피곤하다며 엎드리는 아이를 겨우 일으켜 수학 공식을 가르치고 영어 단어를 외우게 했지만 다음 주가 되면 다시 제자리걸음으로 돌아와 있었습니다. 저는 제가 가르치는 방식에 대해 문제점이 있다고 생각하고 고민하게 되었습니다. 교과서적 지식을 읊고 설명하는 제 가르치는 방식은 공부에 대한 흥미를 불어넣지 못하고 있었습니다. 저는 공부를 흥미롭게 하는 방법에 대해 고민하였습니다. 그 방안으로 시의 은유법, 감각적 표현을 대중가요를 듣게 한 후 찾아내기, 영단어 퍼즐 등 공부를 즐기게 만들었습니다. 그 결과 제게 반감을 가졌던 아이들과 즐겁게 공부할 수 있었고 서로에 대한 친밀감도 쌓을 수 있었습니다. (997)

4. 자신의 노력과 역량을 바탕으로 해당 전공(학부, 학과)에 대한 지원동기 및 진로 계획을 구체적으로 기술하십시오. (1000자 이내) 성균관대

현대인들은 빠르게 돌아가는 성과 사회에서 자아를 잃어버리고 있습니다. 이런 현대인들에게, 문학은 내면을 들여다보고 성찰할 수 있다는 점에서 잃어버린 자아를 회복할 수 있는 해결방안이 될 것이라 생각합니다. 그러나 OECD국가 중 한국은 독서량 최하위 수준일 정도로 문학은 현재 대중들에게 향유되고 있지 않습니다. 저는 성균관대학교에서 문학에 대한 깊은 공부를 통해, 문화로의 지평을 확대하고 이러한 문화를 대중들이 즐길 수 있도록 하는 일을 하고 싶습니다.

K-MOOC '문학이란 무엇인가'를 수강하면서, 문학 시간에 배우던 방식과 다른 방식으로 문학을 배울 수 있었습니다. 문학 시간에는 시어의 상징, 비유법 등 형식적인 면에 국한된 공부를 하였습니다. 반면에 K-MOOC 강의에서는 시인의 철학에 대해 배울 수 있었습니다. 예를 들어, '선운사 동구'라는 시에서 '육자배기 가락'에 담긴 '동백꽃'의 부재에 대한 갈망이 현존에 대한 갈망을 불러일으키며, 두 감정이 동시적으로 극단화됨으로써 생기는 감동을 느꼈습니다. 이를 통해 제가 문학에 대한 깊은 이해가 아닌 얕은 지식을 통해 이해하고 있었다는 것을 깨닫게 되었습니다. 또한 문학을 보는 눈을 기르기 위해 지식의 깊이를 키울 필요성을 느끼게 되었습니다. 따라서 하나를 공부하더라도 그에 대한 이론적 지식이나 배경 등 깊이 있는 공부를 하려고 노력했습니다.

이상의 난해시 '오감도'를 수업시간에 발표하기 위해 '낯설게 하기' 기법을 공부하였고 이로 인해, '러시아 형식주의'라는 문학사조를 알게 되었습니다. 슈클로프스키의 '친숙하고 일상적인 사물이나 관념을 낯설게 하여 새로운 느낌이 들도록 표현하는 것'이라는 말은 저 역시 낯설게 하기 기법을 통해 시를 써왔음을 알게 해주었습니다. 제가 쓴 할머니 연시의 한 구절인 '부서질 듯 메마른 당신의 눈이 내 맑은 호수에 담기면'은 '할머니께서 건조하게 나를 바라보셨다'라는 일상적인 표현을 비유적 표현을 통해 낯설게 하고 있었습니다.

(965)

절반의 실패와 절반 이상의 성공

김재현, 유니스트 합격

절반의 실패와 절반 이상의 성공

김재현, 유니스트 합격, 보통내신

신비주의자들은 수수께끼를 좋아한다. 그리고 그 수수께끼가 신비로 남기를 희망한다. 과학자들 역시 수수께끼를 좋아한다. 무언가 할 일이 생겼기 때문이다.

– 리처드 도킨스

만들어진 신

내 인생이 대체로 성공적인 인생이었다고 생각하는 것은 너무 철없는 짓인지 모른다. 인생이라고 해봤자, 고등학교 3학년까지 겨우 만 18년을

산 것이 전부니까.

하지만 '대체로 성공적'이라는 말이 암시하듯, 큰 좌절 없이 하고자 하는 일을 해낸 것은 사실이었으니 어느 정도 성공적이었다 해도 틀린 말은 아닐 것이다.

내가 기억하기로 '대체로'라는 말은 '자사고'에 진학하고 난 이후부터 사용한 말인 것 같다. 그전, 중학교까지는 '아주 성공적'이라 생각할 수 있었다.

'자사고'에서 자신을 '아주 성공적'이라고 생각하는 친구들은 매우 드물었다. 전교 일, 이등을 오르내리는 친구들도 그건 마찬가지였으니 내 처지에 '성공적'이라는 말을 쓰기는 주제넘은 일이 아닐 수 없다.

그러나 내가 '아주 성공적이야'라고 자부할 수 있는 부분도 있었다. 바로 수학과 과학 분야에서였다.

수학과 과학 성적이 시험으로야 전교 일등은 아니었지만, 전교에서 일등 한다는 친구들도 수학, 과학만큼은 내 실력을 인정하고 있었다. 조금이라도 어려운 문제를 만나면 나에게 달려오기 일쑤였으니까.

나는, '저희들이 시험은 잘 보지만, 진짜 가진 실력으로야 어디 나에게 비교가 되겠어?'라는 자부심을 가지고 있었다.

교내 수학 관련 소논문 작성, 창의적 사고 수학, 교내 특성화 프로그램에서 매개변수가 있는 문제의 분석 등에 있어 단연코 월등했다. 오죽했으면 일학년 '생기부'에 다음과 같은 구절이 기재되어 있었으랴.

'이 학생은 러시아 수학 교수에게 수업을 받은 학생 중 가장 뛰어난 학생이다. 모든 수업에서 차분히 수업에 집중하였으며, 시험 결과 총 200점 가운데 180점, 거의 만점에 가까운 점수를 받아, 전체 52명 가운데 1등을 하였다.'

전교에서 가장 우수한 학생들이 듣던 수업이었으니까, 그 부분에서만큼은 확실한 인정을 받은 것이라 할 수 있었다. 이러한 사실은 학교의 선생님들뿐만이 아니라 전체 학생들이 암묵적으로 인정하는 사실이었다.

내가 물리학에 매료된 것은 2학년 때이다. 동아리 '물만두'를 만들었는데 물리학을 공부하는 동아리였다.

1학년 때부터 진로 희망은 줄곧 '에너지 공학자'였지만 일학년 당시에는 '에너지 공학'이 뚜렷이 무엇을 하는지 잘 알지 못했다. 뚜렷한 동기가 있었다기보다는 그 분야가 주로 물리학과 수학을 다루는 분야이기 때문이 아니었을까 짐작한다. 그 교과목에서 항상 우수한 성적을 내는 나에 대한 주변 칭찬이 많았는데 그러한 칭찬에 대한 예의? 아니면 자만심이었을까?

어쨌든 이렇게 결정한 (결정 했다기보다는 생각한) 진로희망은 3학년까지 일관성 있게 이어졌는데, 2학년부터는 1학년 때와는 질적으로 아주 다른 구체적 희망이 되어 있었다. 이것은 자의반 타의반, 물리학에 관한 공부를 해오며 자연스럽게 구체화된 일이기도 했다. 그러니 아직도 진로희망을 갖지 못한 학생들은 약간의 흥미와 호기심이 있는 분야가 있다면 그 분야를 조금씩 조금씩 더 깊게 공부해보라 권하고 싶다. 어느덧 그 분야에 심취한 자신을 발견할 수 있을 것이다.

기본입자들의 상호작용과 우주

　수학과 물리학은 내가 세상을 이해하는 방식을 바꾸어 놓았다.

　세계 3대 석학으로 일컬어지는 리처드 도킨스는 이러한 말씀을 하셨다. (당연히 나는 도킨스를 존경한다!)

　"과학은 단순한 것들의 상호작용, 궁극적으로 기본입자들의 상호작용을 통해 복잡한 것을 설명한다."

　대단히 단순한 말 같지만 물리학, 또는 수학의 어느 경지에 이른 사람들은 그 말뜻을 얼른, 그리고 깊이 이해할 수 있다.

　이 말씀은 '만들어진 신'이라는 저작물에 담겼는데 그 저작물은 570쪽에 달하는 매우 긴 저술이었음에도 불구하고 처음부터 끝까지 재미와 긴장감, 지적 성취감을 느끼게 한다. 그리고 더욱 중요한 것은, 그 저술에 쓰인 한 마디 한 마디가 모두 명언, 명구에 해당한다는 것이다! 그래서 나는 이 저술에 쓰인 많은 명구들을 스크랩하여 노트와 책상머리에 붙여놓곤 하였다.

　'강력은 수소가 타서 헬륨을 형성할 때 에너지로 전환되는 수소 핵의 질량비인 E로 측정된다. 우리 우주에서 이 값은 0.007이며 (생명의 선결 조건인) 어떤 화학 작용이 존재하려면 이 값에 아주 근접해야 하는 것처럼 보인다. 우리가 알고 있는 화학은 주기율표의, 자연적으로 존재하는 90여 가지 원소들의 조합과 재조합으로 이루어진다. 수소는 원소들 중에서 가장 단순하고 가장 흔하다. 우주의 다른 원소들은 궁극적으로 수소로부터 핵융합을 통해 만들어진다. 핵융합은 별의 내부라는 아주 뜨거운 조건에서 (그리고 수소폭탄에서) 일어나는 어려운 과정이다. 우리 태양 같은 작은 별은 헬륨 같은 가벼운 원소들만 만들 수 있다. (중략) 요점은 강력의 값이 주기율표에 따라 핵융합 연쇄가 얼마나 멀리까지 진행될지를 결정하는 핵심요소이다. 강력이 너무 작으면 즉, 0.007이 아니라 0.006이면 우주에 는 수소밖에 없을 것이고, 그 어떤 흥미로운 화학작용도 빚어질 수 없을 것이다. 강력이 0.008처럼 너무 크다면. 수소는 모두 융합되어 더 무거운 원소가 될 것이다. 수소 없는 화학작용은 생명을 발생시킬 수 없는데 이 는 물이 없기 때문이다. 골디락스 값(0.007)은 생명이 만들어지고 지탱하 는 화학작용에 필요한 다양한 원소들을 만들어내기 알맞은 조건이다.'

예컨대 도킨스가 쓴 이러한 내용은, 그 책에서 자신이 주장 하는 바(자연선택)를 아주 명확하게 입증할 뿐만 아니라, 우주의 구성, 운동 원리까지 손쉽게 표현한 구절이다.

내가 물리학, 에너지 공학을 선택한 데에는 도킨스의 영향이 적지 않았다! 나에게 있어 우주는 무한 탐구의 대상이 되었다.

하여간 '물만두'에서 나는 만유인력 상수를 주제로 뉴튼이 중력법칙을 발견하고 증명한 과정, 상대성이론, 양자역학과의 차이점 등을 오비탈 등 배운 지식을 활용하여 설명하는 활동에 열중했으며 수학 과학 과목의 공부에도 열중했다. 이 시기 나의 수학과 물리지식은 가끔 선생님들을 쩔쩔 매게 할 정도로 발전했다.

이러한 활동, 학습에 대한 '생기부'의 기록 내용은 다음과 같다.

'진로희망 사유'

'진로탐색 강의를 통해 '공학은 직접적으로 인간들의 삶을 개선 한다'는 것을 인식하고 인간들의 삶의 질에 큰 영향을 끼치는 것이 환경과 에너지 분야라고 생각하여 '에너지 공학자'를 희망함. 화석 연료의 유해성과 고갈 문제, 그로 인한 환경 문제의 심각성을 이해하고 이를 해결하기 위한 방안으로 미래형 전기자동차, 수소연료 자동차, 친환경대체에너지 개발 등 에너지의 획기적인 전환 과정에 이차 전지, 태양광 발전, CCS기술 연구를 통해 기여하고자 하는 포부를 가짐.'

'자율 활동'

'이순신 난중 캠프 : '역사의 바다에서 구국의 영웅을 만나다.' 프로그램을 통해 이순신 장군의 발자취를 직접 체험해봄. 울돌목으로 왜군을 유인하여 빠른 물살을 이용해 물리친 이순신 장군의 전략을 다시금 생각해봄. 에너지에 관심이 많은 학생으로서, 현재 울돌목이 조류발전지로 사용되는 것을 보고 조류 발전 관련 연구보고서 등을 찾아봄. 조류발전은 연구과정에 있어 시범운영 중인데 해수의 운동에너지로 수차를 구동하거나 기계장치의 운동으로 변환하여 전기를 생산하는 방식이고 수평축, 수직축 조류발전 중 조류와 같이 흐름이 변하는 곳에서는 수직축 방식이 유리하다는 것을 알게 됨. 풍력발전에 비해 조류발전의 단점이 무엇인지 생각해봄. $E=0.5\rho AV3$ 라는 식에서 물의 밀도는 공기의 밀도보다 큼에도 불구하고 풍력발전이 왜 더 널리 이용되는지 의문을 가짐. 논문과 책 등을 통해 회전 날개에 물이 다가올 때 압력이 커져 물의 속력이 줄어드는 문제, 설치비용, 육상까지의 전력 수송 등의 문제 때문 등이 조류발전의 단점임을 파악하고 이에 대한 개선방안을 곁들인, 캠프 보고서를 작성하여 제출하는 등 탐구적인 모습을 보임.'

'수학'

'(미적분2) 수업 중 발표 활동에 적극적으로 참여함. 자연 상수에 대해 보고서를 작성함. 자연 상수의 정의를 증명해봄. 자연 상수의 발견은 엄밀한 증명 과정보다는 단순 계산으로 패턴을 발견했다는 것을 깨달음. 이를 통해 수학은 우연의 학문이기도 하다는 것을 느낌. 삼각함수의 여러 가지 공식들을 직접 유도함. 또한 삼각함수의 역함수에 궁금증을 가져 컴퓨터 프로그램을 통해 역삼각함수을 그려보고 삼각함수와의 관계를 살펴봄. 여러 가지 함수들의 도함수를 도함수의 정의를 이용해 직접 유도해봄. 이를 이용해 그래프의 개형을 컴퓨터 프로그램을 이용해 그리는 연습을 함. 일례로 극값과 변곡점이 정확히 나오지 않는 'y=xsinx' 그래프의 개형을 그릴 때 자신이 그린 것과 프로그램 비교를 통해 실력을 더 발전시킴. 또한 자동차의 연비가 가장 효율적일 때의 속도는 얼마인지의 교과서 지문에 흥미를 가짐. 이를 계기로 미적분이 일상 속 어떤 영향을 미치는지 궁금해져 책 '미적분으로 바라본 하루' (오스카 페르난데스)를 읽고 미적분의 실용적 측면을 깨달음.'

'(기하와 벡터) 수업 중 발표학습에 적극적으로 참여함. 종이에 초점을 정한 다음 포물선, 타원, 쌍곡선의 정의를 이용해 스스로 접어봄. 이를 통해 각이차 곡선의 정의들을 삼각형의 합동을 이용해 직접 증명해봄. 또한 자신이스스로 학습 하면서 여러 가지 이차 곡선들의 특징을 찾아냄. 이렇게 자신이스스로 사고하여 찾아낸 이차 곡선과 관련된 정의, 특징들을 마인드맵으로정리함. 수업 중 'xy=1은 쌍곡선인가?'라는 의문에 관심을 가짐. xy=1은 쌍곡선이라 판단하여 이를 증명하는 방법을 고민함. 일반적인 쌍곡선을 회전하는 방법, 대칭이동 시키는 방법 중 고민을 하다 회전 하는 방법을 택함. 고급수학 때 학습한 회전변환을 이용해 증명을 성공해 발표를 함. 또한 일반적인 쌍곡선을 대칭선을 'y=tan22.5x'으로 한 대칭 이동을 통해 증명도 해봄. 이를 통해 모든 이차식은 이차 곡선에 속한다는 것을 확인해봄.'

'일반 세특'

'자연 논술(3.31~11.17) 수학, 과학적 추론능력과 논리성을 기르기 위해자연 논술 수업에 참여함. 여러 가지 명제들을 엄밀하게 증명하고, 심화 문제들을 풀이함. 이 과정에서 자신이 생각한 것을 글과 식으로 표현함. 물리 지문에서 온 우주에 존재하는 수많은 힘들은 전자기력, 중력, 강력, 약력 4개의힘으로 표현된다는 것을 앎. 여기에 관심을 가져 전에 배웠던 통일장이론에다시금 주목하게 됨. 이를 통해 통일장이론을 완성하기 위해 게이지 이론, 초대칭 입자, 끈 이론 등이 도입된 것을 알게 됨. 따라서 양자역학에 관심을 가져 그에 관한 전문적인 지식을 습득하고자 함. 이를 통해 물리학의 본질이 자연의 원리를 탐구하는 것이라 깨달음.'

'포스코 기업탐구에 참여하여 '탄소중립 섬 설계'를 주제로 소논문을 작성함. 포스코의 철 생산과정에 관한 강연을 들음. 철 제조과정에서 필수적인 매우 높은 열을 만들기 위해서는 많은 에너지가 요구되는데, 이에 필요한 전력은 모두 한국전력에서 수급하는지를 질문한 점이 인상 깊음. 포스코에서 많은 폐열이 재활용된다는 것을 알고, 포스코 홈페이지에서 이에 관한 내용을 찾아봄. 폐열 처리 이외에도 연료전지 또한 많이 이용한다는 것을 알게 됨. 따라서 탄소중립 섬 설계를 할 때 연료전지를 적극적으로 사용하려고 했지만, 수소나 LNG의 공급 문제 때문에 사용하지 않기로 결정함.'

입시를 앞두고 지원 대학에 대해 고민에 빠졌다. 성적은 수학과 물리에 힘 입어 2등급 후반과 3등급 초반을 겨우 터치했다.

K가 말했다.

"서울대 지원하자. 핵에너지공학."

'어찌 감히 마음에 품겠는가' 그걸 '언감생심'이라 한다는 것을 배운 적이 있었다. 이럴 경우에 딱 들어맞는 말이었다. 우리 학교 3등급의 경우 한양대, 성균관대 진학도 빡빡하였으며 경희대 정도 붙으면 매우 좋은 결과로 가슴을 쓸어내리곤 했다.

"어차피 네가 원하는 과기원은 한 두 군데 모조건 붙는다. 그러니 그 아래로 지원하는 것은 별로 의미가 없다."

K가 다시 말했다.

어느 정도 망설임이 있었으나 어쩐 일인지 서울대 지원을 안 하면 두고 두고 여한이 남을 것 같았다.

"될까요?"

"반반이지. 그 정도면 매우 높은 확률이고. 이제까지의 경험으로 봐선 되지 싶다."

나는 더 망설이지 않고 서울대 일반전형을 지원했다. 그리고 과기원 유니스트에도 지원했다.

이런 얘기는 내가 말 안 해도 이런저런 경로로 교내에 퍼지기 마련이었다.

"미쳤군."

"정시로 간대?"

"질러 보는 거겠지."

하는 정도의 비웃음 같은 것도 들렸지만 개의치 않았다. 내 실력과 내 가능성을 스스로 못 믿으면 누가 믿겠는가?

"1차만 합격하면 오히려 2차 심층면접에 더 경쟁력이 있을 것이다. 수학 실력 믿는다."

K의 말마따나 내 자신도 수학에 대해서는 어느 정도 자신감이 있었다. 다만 나의 내신 성적으로 1차 합격이 가능하리라고 믿는 것이 참 어려웠다.

절반의 실패, 절반 이상의 성공

연세대, 고려대, 서강대, 성균관대 등과 유니스트에 원서를 넣고 초조하게 결과를 기다렸다.

사람의 마음은 참 묘했다. 한편으로 '어려울 것이다. 어렵고 말고지.' 하는 마음이 잔뜩 고여 있었지만 그러면 그럴수록 다른 한 편에는 '그래도 모르는 일이다'하는 마음이 끈질기게 또아리를 틀고 있었다.

서강대 1차 합격 등의 소식이 있었지만 신경은 오직 서울대 일반 전형 합격에만 쏠려있었다. 하루 앞서거니 뒤서거니 하면서 유니스트 합격통지를 받았는데, 그 다음날인가 하는 서울대 발표에 더 긴장하고 있었다.

근 한 십 분 간격으로 서울대 발표사이트를 뒤져보다가 오후 들어서 합격자 명단이 떴는데 아, 이럴 수가!

'축하합니다.' 내 이름과 함께 모니터에는 믿을 수 없는 합격 안내가 올라와 있었다. 한순간 정신이 멍해졌다가, 눈시울이 뜨거워졌다.

면접은 약 일주일. 마음이 더할 나위 없이 급해졌다.

"좀 차분하게. 너에게 아주 유리한 상황이다."

K는 심층구술 대비할 수 있는 문제 유형을 뽑아 건네주었고 나는 이제와는 아주 다른 신중한 태도로 일주일간 면접 훈련을 했다.

그 사이에 유니스트 면접을 보았다. 내가 공부하고 활동한 내용, 특히 물리학에 관련된 깊이 있는 내용을 심도 있게 묻는 면접이었다. 물론 나는 막힘없이 질문에 대답 하였을 뿐만 아니라, 내가 생각했던 것을 가감 없이 얘기하는 여유까지 보여주었다.

예상대로 최초 합격 통지를 받았다. 예상을 했다지만 실제 합격통보를 받자 마음은 기대 이상으로 기뻤다. 서울대가 아니면 유니스트를 가야겠다고 생각하고 있던 참이었기 때문이었다. 더구나 유니스트 장학생으로까지 선발되어 나의 기쁨은 훨씬 더 큰 것이 되었다. 그리고 기댈 곳이 생긴 것이어서 심리적으로 많이 안심이 되었다.

서울대 심층면접을 준비하는 일주일은 물리적으로 짧은 시간이었지만 내가 실패한 원인은 사실 시간 때문은 아니었다. 지나친 긴장과 자만심이 그 원인이었음을 스스로 인정할 수밖에 없었다. 문제의 내용을 잠시 혼동하여 엉뚱한 방식으로 문제풀이를 진행시킨 것이다.

문제를 풀고 나오면서 나는 오랜 동안의 내 노력과 기대가 한 순간의 자만으로 인해 물거품이 되었음을 알았다. 기대해 주었던 학교선생님, 부모님, K에게도 미안했다.

후에, '그 성적으로 거기까지 가다니, 대단하다.'는 격려를 많이 받았지만 그건 내게 주는 위로 외의 다른 의미는 아무것도 없음을 알았다.

나는 아직도 내가 절반의 실패를 한 것인지, 절반의 성공을 한 것인지 모른다. 아니 성공과 실패가 무엇인가? 하는 물음에 딱히 답할 말이 없다.

그러나 나는 내가 이루고 싶었던 것을 이루었다. 산술적으로 서울대 실패, 유니스트 성공이라고 말할 수 있을지 모르지만 그 과정에서 나는 절반이 아닌 훨씬 더 큰 성공을 이루었다고 생각한다. 문 앞에서 고배를 마신 일도 내게는 큰 깨달음의 하나였다.

알 껍질을 깨고 알에서 이제 막 고대하던 세상에 나왔다고 생각하기 때문이다. 통과의례를 내용 있게 치렀으니 당분간 내게 더 어려운 일은 없을 것이다 생각한다.

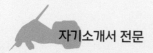 **자기소개서 전문**

1. 고등학교 재학기간 중 학업에 기울인 노력과 학습경험에 대해 배우고 느낀 점을 중심으로 기술해 주시기 바랍니다. (1,000자 이내)

수학은 저에게 세상의 이치를 알려준 학문입니다. 수학이 즐겁다보니 수학 성적은 상위권을 유지했고, 더 깊은 수학의 세계를 알고 싶은 욕구가 늘 생겼습니다.

무한에 대한 고찰은 수의 근원, 기하학, 해석학의 세계로 저를 이끌었고, 새로운 수학적 사실을 이해하며 수학은 완벽하고 아름답다 생각했습니다. 그러면서도 이런 난해한 수학적 개념들이 왜 등장했는지, 어디에 쓰이는지 궁금하였고 지적 유희에 불과한 것 아닌가 하는 의문도 들었습니다.

물리학을 공부하면서 '수학의 목표는 무엇인가?'라는 질문의 답이 우주의 원리를 밝히는 것임을 이해하였습니다. 흥미를 느낀 '초끈이론'은 지금까지의 물리학적 성과를 뛰어넘어, 우주의 재해석이 가능하다 생각할 수 있었습니다.

고전역학과 상대성이론의 모순관계, 이중슬릿 실험의 해석, 통일장이론 등 이해가 어려운 부분이 많았지만 '초끈이론을 완벽히 이해하자'는 목표로 물리학 공부를 하였습니다. '계의 상태를 완벽하게 관찰할 수 없다.'는 불확정성의 원리는 저의 사고체계를 뒤집는 충격이었습니다. 고전역학을 공부하며 물리학은 한 치의 오차가 없는 완벽한 학문이라 생각했는데, 필연적 오차가 발생한다는 사실은 받아들이기 힘들었습니다.

　'우주를 기술하는 최선의 방법은 무엇일까?'하는 주제 탐구를 통해 '통계역학'을 알게 되었습니다. 통계역학의 맥스웰·볼츠만 분포곡선을 유도하는 과정은 뒤통수를 맞는 기분이었습니다. 3차원을 1차원으로 변환하는 과정, 벡터의 스칼라 변환, 독립사건 등의 수학적 개념과 기술은 새로웠는데 'dvxvyvz'가, '반지름이 v인 구의 껍질'이라는 사실은 처음에 이해가 어려웠습니다. 대학생인 누나에게 도움을 청했고, '오리건주립대학교 수학과 web study guide'를 소개해주었고, 이를 참고하여 해결했습니다. 평소 저의 진로와 큰 관련이 없을 거라 생각한 확률과 통계가 유용하게 사용되는 것을 보고, 중요하지 않은 학문은 없다는 것과 학문 간의 관련성을 새삼 깨닫고, 보다 다양한 물리학적 접근을 생각했습니다.(995)

2. 고등학교 재학기간 중 본인이 의미를 두고 노력했던 교내활동을 배우고 느낀 점을 중심으로 3개 이내로 기술해주시기 바랍니다. 단, 교외활동 중 학교장의 허락을 받고 참여한 활동은 포함됩니다. (1,500자 이내)

평소 신재생에너지에 관심이 많았고, 그와 관련된 환경문제에 역시 관심이 많아 교내 모의유엔, 환경위원회에 참가하였습니다. 토론을 하기 위해선 현재 상황을 정확히 파악하는 것이 중요하다고 생각하여 환경과 관련된 기사들, 기후변화 등을 조사했습니다. 또한 근본적인 해결책을 찾기 위해서는 과학적인 원리가 중요하다고 생각하여 학술지를 통해 기후변화 현상을 정확히 분석했습니다. 지구의 온도가 올라간다는 것은 해수면 상승, 생태계의 혼란, 사막화 등의 문제를 야기하고, 이는 이산화탄소 배출을 줄여야 한다는 강력한 근거가 되었습니다. 토론장에서 저는 이런 점들을 강조했고, 화석연료 사용, 원전을 규제하고 신재생에너지를 발전시켜야 한다고 주장했습니다. 이 부분은 다른 역할 대사들도 동의했고, 전기자동차, 태양광에너지에 관련된 결의안을 발의하는데 성공했습니다.

대회가 끝나고, 한 친구가 저에게 "현실적으로 가능한 결의안이야?"라고 물었습니다. 생각해보니 값싼 화석연료, 원전을 폐기하고, 값비싼 신재생에너지를 사용하는 것은 인류적인 손해라는 생각이 들었습니다. 지나치게 지구온난화를 경계한 것이 아닌가라는 생각이 들어 지구온난화 회의론적 관점을 찾아봤습니다. 빙하시추를 분석한 것을 토대로 과거 지구의 기후를 알 수 있었습니다. 지구는 현재 온난기에 접어들었고, 온난기의 기후 상승의 절반정도는 온난기의 초기에 나타난다는 것을 알았습니다. 또한 여러 기후협약이 정치적인 문제로 야기될 가능성을 살폈습니다. 많은 변인 때문에 지구온난화가 사실인지를 확신하지는 못했지만, 한 논제에 대해 두 가지 관점을 모두 고려해야 한다는 것을 깨달았습니다. 또한 이 경험을 바탕으로 신재생에너지의 문제점과 원전의 효용성을 살폈고, 원전의 위험성 때문에 원전의 효용을 포기한다는 것은 지구적인 손해라고 생각했습니다.

물리를 좋아하는 친구들끼리 자율동아리(TESLAR)를 조직하여 활동했습니다. 물리 교과시간에 전자기학을 학습하던 중 많은 공식들을 외우기 힘들어하는 친구가 있었습니다. 그 친구는 '공식을 외우지 않고, 그때그때 유도해서 사용할 수 있다면 얼마나 좋을까?'라고 물었고, 책에서 봤던 맥스웰 방정식을 떠올랐습니다. 맥스웰 방정식으로 전자기학을 모두 설명할 수 있다는 점을 들고, 일일교사가 되어 맥스웰 방정식을 설명하기로 했습니다. 4가지의 식을 처음 보았을 때 처음 보는 기호가 많아서 당황했습니다. 이론서, 인터넷 등을 참고하여 수학적 기호, 4가지 식이 의미하는 바 등을 공부하고, 친구들에게 설명했습니다. 이 과정은 물리법칙들을 최대한 통합하려는 경향, 보편적으로 적용되는 보존법칙 등 물리학의 새로운 측면을 보게 되었습니다. 이런 깨달음을 통해 동아리 원들 번갈아 가며 '물리학의 기초방정식'을 주제로 일일교사가 되어 설명하기로 했습니다. 여러 기초방정식들은 미분, 연산자 등 수학기호를 많이 포함했고, 대부분 어려운 과정이 아닌 보존법칙에서 출발한 점을 확인했습니다. 이 활동은 저의 진로에 결정적으로 영향을 끼쳤습니다. 물리현상을 수학적으로 기술하는 과정은 더 이상 물리학과 수학이 다른 학문이란 생각이 들지 않고, 공통의 목표를 가지고 발전한다고 느꼈습니다.(1496)

3. 학교생활 중 배려, 나눔, 협력, 갈등관리, 리더십 발휘 등을 실천한 사례를 들고 그 과정을 통해 배우고 느낀 점을 기술해주시기 바랍니다. (1,000자 이내)

평소 스포츠를 자주 접하며, 스포츠맨십을 통해 바람직한 공동체를 형성할 수 있다 생각했습니다. 그런 의미에서 '3학년 체육대회'는 반의 단합을 도모할 수 있는 최고의 기회라 생각했습니다. 단체종목인 배구는 점수가 가장 크게 주어진 중요한 종목이었습니다. 하지만 저희 학급은 체육대회 전 연습경기에 모두 패하며 최약체란 소리를 들었습니다. 시작 전부터 패배한 분위기에 휩쓸렸고, 의지를 상실했습니다. 체육을 아주 좋아하는 저로서는 아주 안타까웠습니다. 체육선생님께서 '실력이 부족한 것이 아니라 집중력이 부족하다.'는 쓴 소리를 해주셨습니다. '우리 반은 실력이 부족해서 될 수 없어.'는 핑계였단 걸 알았습니다.

이를 계기로 배구 우승을 목표로 연습을 시작했습니다. 프로배구영상을 보며 저희 반의 문제점을 분석하기로 했습니다. 배구선수들이 실점 장면에서도 파이팅 넘치고, 자신의 자리를 이탈하면 다른 선수가 커버하는 모습을 주목했습니다. 이를 바탕으로 포메이션을 짰고, 상세히 연습계획표를 작성했습니다.

매일 점심을 거르고 연습경기를 했습니다. 그 과정에서 저는 점심으로 빵 구매를 담당하였고, 다른 친구들은 경기예약, 코트예약, 샴푸 챙기기 등 각자의 역할을 했습니다. 경기 중 나온 실점 장면마다 서로를 탓하기보다는 격려를 했고, 피드백을 했습니다. 연습을 통해 단합력도 커지고, 연습한다는 것보단 즐긴다는 느낌이 들었습니다.

체육대회 당일 배구 첫 경기를 승리했고, 다음 경기를 패배해 떨어졌습니다. 아쉬운 결과지만 주변에 놀라움을 선사했습니다. 또한 배구에서의 단합은 줄다리기, 단체 줄넘기에 좋은 영향을 끼쳐 종합2등의 성과를 거두었습니다.

이런 경험을 통해 공동체에서 개개인의 역할의 중요성을 깨달았습니다. 저와 저희 반 친구들은 가장 자신 있는 포지션을 담당했고, 이를 통해 최선의 결과를 만들 수 있었다고 생각합니다. 앞으로 연구원이 되어 공동체에 속해 많은 사람들과 연구를 수행할 일이 많을 텐데 제가 가장 잘 할 수 있는 역할을 책임감 있게 수행하겠다고 다짐하였습니다.(1000)

4. 고등학교 재학 기간 (또는 최근 3년간) 읽었던 책 중 자신에게 가장 큰 영향을 준 책을 3권 이내로 선정하고 그 이류를 기술하여 주십시오.

▶ **선정이유는 각 도서별로 띄어쓰기를 포함하여 500자 이내로 작성**

▶ **선정이유는 단순한 내용이 요약이나 감상이 아니라, 읽게 된 계기, 책에 대한 평가, 자신에게 준 영향을 중심으로 기술 〈서울대, 원자핵 공학〉**

① 리만가설 / 존 더비셔 / 승산 (500)

'무한의 끝에 무엇이 있을까?'라는 책에서 '자연수의 집합 안에 소수의 집합을 포함하기도 한다'는 문구를 보고 소수에 관심이 생겼습니다.

소수정리를 찾겠다는 목표로 시작했지만, 리만제타함수, 변수개미, 큰 O 등 다양한 개념으로 이어졌습니다. 특히, 리만제타함수의 근과 에르미트행렬의 고윳값을 이용한 원자핵의 에너지간의 유사성은 가장 흥미로웠습니다. 물리학자 '다이슨'이 리만제타함수의 근의 분포에 관한 연구를 보고, 양자역학을 떠올린 점이 놀라웠습니다. '다이슨'은 학부시절 수학을 전공했고, 그 덕분에 수학적 내용을 보고 원자핵의 에너지 분포를 떠올렸습니다. 만약 수학에 문외한 물리학자였다면 이런 발견을 하지 못했을 겁니다.

이를 통해 저도 수학을 심도 있게 공부하여 수학적 내용을 보고 물리적 의미를 발견할 수 있는 원자핵연구원이 되기로 마음을 먹었습니다. 또한 소수를 바탕으로 원자핵을 완벽히 이해한다면 원자핵의 에너지를 이용하여 훨씬 효율적인 세상을 만들 수 있을 거라 생각했습니다.

② 에너지 혁명 2030 / 토니 세바 / 교보문고 (500)

에너지에 관한 경제 원칙과 현황을 알고 싶어 읽었습니다.

이 책은 태양광발전이 발전단가가 싸고, 관리비용이 적다는 점과 원자력발전의 안전문제, 폐기물문제 등을 들어 태양광발전을 옹호하고, 원자력발전을 비난합니다. 처음 읽을 때는 이 책의 논리구조에 수긍하여 원전은 폐기하고, 신재생에너지를 육성해야 된다고 생각했습니다. 하지만 모의유엔을 계기로 신재생에너지의 문제를 알게 되었고, 이 책을 다시 살펴본 후 여러 결점을 발견했습니다. 단위면적당 발전량, 기상상태 등을 고려하지 않았습니다. 원전에 비해 태양광은 막대한 토지를 차지합니다. 흐린 날에는 발전이 거의 불가능합니다. 다른 신재생에너지 역시 여러 한계점이 있습니다. 만약 신재생에너지만을 고집한다면 일조량, 풍량, 지열 모두 풍부하지 않은 프랑스같은 국가에서는 에너지 발전이 불가능할 것입니다.

원전에 반대하는 입장을 알아보고 비판적으로 분석하여 상대방 논리를 합리적으로 비판하는 한편 제 입장의 결점도 살펴보는 경험이 되었습니다.

③ 제노사이드 / 다카노 가즈아키 / 황금가지 (498)

독서와 문법 모둠별 독서토론시간 때 선정되어 읽게 되었습니다.

책에 등장한 르완다에서 일어난 후투족과 투치족간의 대량학살은 인터넷 조사를 통해 실제사건임을 확인하고 굉장한 충격을 받았습니다. 두 번의 원자폭탄으로 많은 사람들이 희생된 사건이 생각났습니다. 인류를 위해 일한다는 과학자가 원자폭탄 제조를 주도했다는 사실은 미래의 과학자를 희망하는 저에게 낯 뜨거운 사실이었습니다. 이런 활동으로 과학의 발전은 항상 인류에게 도움이 되었다는 견해에 의문을 가졌고, 미래의 과학자로써의 자세를 다졌습니다.

책에는 신인류가 등장하여 현생인류를 마음대로 제어하는 장면이 등장합니다. 인간은 지구 먹이사슬의 최상위층이며, 과학사회를 구축했지만 더 상위계층의 신인류가 등장한다면 어떻게 할지 생각해보았습니다. 과학발전의 목표는 지구를 지배하는 것이 아니라 인류의 삶의 질을 증진시키는 것이라 생각했습니다. 따라서 신인류와 공생하여 더 삶의 질이 좋은 사회를 구축하는 것이 최선이라 생각했습니다.

4. UNIST에 지원한 동기와 입학하기 위해서 고등학교 재학기간 동안 들였던 노력, 열정, 끈기 등에 대해서 활동중심으로 상세히 기술해 주시기 바랍니다. (띄어쓰기 포함 1,000자 이내).

화석연료를 종식하고, 신재생에너지의 상용화를 목표로 공학계열진학을 희망했습니다. 그러기 위해선 수학, 물리공부가 중요했고, 이를 중점적으로 공부했습니다. 수학과 물리에 관한 이론, 공식들을 배울 때마다 그런 것들을 생각해낸 학자들이 신기했습니다. 학자들이 여러 이론들을 유도하는 스토리와 과정을 찾아보는 것을 즐겼고, 그것은 다른 궁금증을 유발했습니다. 그러다 초끈이론에 대해 알게 되었습니다. 책 '엘러건트 유니버스'를 통해 초끈이론에 대해 공부했습니다. 물리학의 새로운 모습을 보았습니다. 전에는 물리학이 단순히 여러 현상의 원리를 연구하는 학문이라 생각했지만, 궁극적으로는 우주의 원리를 밝히려는 것을 깨달았습니다. 초끈이론의 아름다운 논리에 물리학에 빠졌고, 만물의 법칙을 찾자는 목표로 자연계열진학을 결정했습니다.

저의 진로에 수학, 물리는 중요할 것이라 생각해 GN-R&E, ITP, 고급수학, 물리Ⅱ 심화과정 등 많은 교내활동에 참가하여 최대한 많은 수학, 물리적

지식을 습득하고자 노력했습니다. 고급수학에서 학습한 행렬은 상당히 어려웠습니다. 교과과정에는 없는 새로운 개념이었고, 숫자를 배열하여 큰 수의 거듭제곱을 구할 뿐 다른 특별한 의미는 없다고 생각했습니다. 하지만 책 '리만가설'을 읽으면서 소수와 원자핵간의 관련성에 관한 내용에 에르미트 행렬이 등장한 걸 보았습니다. 저가 배웠던 내용이었기에 반가웠고, 더욱 관심을 가지고 살펴보았습니다. 원자핵의 에너지를 행렬화 후 고윳값을 구하는 과정인데 신기하게도 소수의 분포와 상당히 닮았습니다. 하이젠베르크의 양자역학 해석에도 행렬이 등장한 걸 보고, 왜 행렬이란 개념이 자주 사용되는지에 의문을 가졌습니다. 인터넷조사를 통해 행렬은 곱셈법칙이 성립하지 않고, '정준교환관계'라는 유용한 특징 때문에 자주 사용된다는 걸 알았습니다. 이 과정은 새로운 수학적 개념을 설정함으로써 많은 법칙을 유도할 수 있고, 규명된 수학법칙은 물리학에 유용하게 사용될 수 있다는 것을 깨달았습니다.

저는 UNIST에 진학하여 양자 물리학에 관한 수리물리학자가 되고 싶습니다.

농부의 길, 교사의 길

청주교대 합격

농부의 길, 교사의 길

박찬혁, 청주교대 합격, 내신 아주 좋은 등급과 좋은 등급 사이

장벽이 거기 서있는 이유는 가로막기 위해서가 아닙니다. 그것은 우리가 얼마나 간절히 원하는지 보여줄 기회를 주기 위해 거기에 서있는 것입니다. 장벽은 절실하게 원하지 않는 사람을 걸러내려고 거기 있는 겁니다. 장벽은 당신이 아니라, 다른 사람들을 멈추게 하려고 거기 있는 것이지요.

−랜드포시, 마지막 강의 중

나를 가로막고 있는 것은 바로 나였다.

유튜브를 뒤지다가, 랜드포시의 '마지막 강의' 영상을 보게 되었다. 마흔 여섯의 나이에 6개월 시한부 인생이 된 그는 그의 인생 자체가 억울한 처지였다.

'마지막 강의'는 카네기 멜론 대학에서 명예롭게 퇴임한 교수들에게 세상에 전하고 싶은 자신의 지혜를 마지막으로 강의하는 자리인데, 핸드포시는 정말로 생물학적인 '마지막 강의'를 거기서 하게 됐다.

살아가면서 마주한 여러 장벽들에 대한 이야기를 하면서 이를 해결한 사례를 익살스럽게 설명하는 강의를 보며 깊은 감동을 받았다. 그의 삶은 마지막까지 '췌장암'이라는 넘을 수 없는 장벽을 마주하고 있었지만 그의 표정 어디를 보나 어두운 죽음의 그림자 같은 것은 없었다.

다른 사람들의 절망적 상황을 보면서 상대적인 안도감이 드는 것은 사람이 가진 사람의 이기적 속성에 해당하는 것인지도 모른다. 그런 나름대로의 안도감이 잠시 없지는 않았지만 나는 그 강의를 들으면서 안도감이 아닌, 내 인생의 알맹이는 대체 무얼까 하는 자성을 하게 되었다. 그리고 그 다음 단계로, 지금 내 앞에서 나를 가로막고 있는 가장 커다란 장벽은 무엇일까, 생각했다.

멀리 보면 별다른 목표 없이 살고 있다는 것이고, 가깝게 보면 얼마 안 되어 치를 대학입시에 손을 놓고 있다는 것이었다. 내 앞에는 어떤 장벽이 있는 것이 아니라, 나 스스로가 나를 막고 있는 장벽이 아닐까 생각되었다.

뚜렷한 인생의 목표나 대학입시는 내 인생에 있어서 생각하면 할수록 중요한 일인데, 이렇게 한가롭기만 한 까닭은 어디에서 연유했을까.

농촌지역의 가난한 농가 출신의 나에겐 돈을 벌거나, 사회적 출세를 해야할만한 뚜렷한 이유가 적지 않았다. 당장 여기서 벗어나고 싶었으니까.

그런 생각을 실천에 옮기지 못한 것은, 나중에서야 깨닫게 되었지만, 당시 나는 해결의 방법을 찾지 못했기 때문이라고 생각한다.

인생의 목표는 중요하지.

그런데 인생을 살아가는 방법이나 목적은 무엇이란 말인가.

대학입시는 중요하지.

그런데 어느 대학, 어느 학교, 어떻게 준비하고 합격한단 말인가?

내가 손을 놓고 있었던 것은 이런 지점이었다는 생각이 들었다. 공부는 그냥 '타성'에 불과했다.

농부냐 교사냐

농부냐, 교사냐. 이것이 문제였다.

고등학교 3년 내내 나는 그 물음에 답하지 못했다. 물론 나의 선택은 언제나 교사로 기울었지만 거의 가망은 없어보였다. 학교 선생님을 포함한, 그건 주변 모든 사람들의 일치된 의견이었다.

네가 교대라니?

가볍게 물어본 말 끝에 돌아오는 답은 거의 그런 것이었다. 거부감을 느낀 것도 여러 차례였지만 모든 일은 거듭되면서 일종의 자기 암시나, 세뇌 작용으로 작동 하는 모양이었다.

　내 주제에 교대는 무슨.

　이와는 반대로, 그 다음 선택에는 자신이 있었다. 잘 아는 분야였기 때문이다. 집에서 농사일을 줄곧 보고 거들어 왔기 때문에 농사일은 대체로 만만해 보였다. 더군다나 요즘은 농사일로 돈을 많이 번 억대 농부들의 이야기도 심심찮게 들을 수 있는 시대였다.

　'한국농수산대학교.'

　국립대학교였다. 그리고 그 학교 진학과 이후의 내 계획은 매우 구체적이었다. '식량작물학과' 또는 '특용작물학과'를 선택하여 이 분야의 전문가가 되는 것이다. 아이템도 준비해놓았는데 '구찌뽕' 또는 '꾸지뽕', '구지뽕'이라고 불리우는 작물이었다. ('구지뽕', 또는 '꾸지뽕'이 모두 맞는 말인 듯하다. '넝쿨'이나 '덩굴'이 모두 쓰이는 것과 비슷하다는 생각을 했다.)

　뽕나무과의 이 나무는 약용, 식용, 공업용으로 쓰이는 열매의 가치도 가치거니와, 잎 하나도 버리는 것이 없이 양잠사료로 쓰였고 나뭇가지 역시 활용 가치가 매우 높은 다용도 나무였다.

　나는 '식량 작물', '특용작물'을 전공하고 이 두 영역을 혼합함으로써 새로운 식량자원을 만들어보는 일을 꿈꾸었다. 3년제인데다가, 거의 모든 학비가 국비로 지원되었으며 기숙사가 제공되었다. 우리집 형편으로 보면 나에게 맞춤형의 대학이 아닐 수 없었다.

　무엇보다도 당시 내 내신 등급으로 합격 가능하다는 생각이 들었기 때문에 나는 제법 의기양양하게 농수산대학교 진학을 두 번째 카드로 자신하고 있었다. 시간이 지날수록 그 계획은 차차 신념으로 굳어지기 시작했고 '교육자'에 대한 열망은 '생기부' 한 켠에 바랜 빛으로 써 있을 뿐, 오래된 화석처럼 생명력을 잃고 차츰 희미해졌다.

K가 말했다.

"실제 하고 싶은 것은 선생님이구나!"

"그렇긴 하지만……."

"왜? 쫄려서?"

"이것저것……."

'생기부'를 검토한 후에 진로 상담을 하던 K는 간단하게 말했다.

"대체로 교대진학을 권유하진 않지만, 너는 다른 것보다는 그렇게 교대에 가는 것이 좋아 보인다."

"가능성이 문제지요."

K가 슬며시 웃으며 말했다.

"너보다 성적이 우수한 아이들이나 너나 가능성은 똑같다."

"그럴 리가."

"아냐, 같아. 거의 비슷한 범위 내에 있거든."

교대를 진학하겠다는 내 희망에 대해 이렇게 긍정적으로 이야기 하는 사람은 K가 처음이었다. 그래서 어쩐지 못미더운 구석이 있었지만, 손해 날 일은 아니라는 생각이 들었다.

신기한 '아나모픽 기법'

'활동의 재구성'이 시작되었다.

'아나모픽'은 연필로 평면에 그린 그림에 효과를 주어 입체적 느낌이 들도록 만드는 기법이다. 틀림없는 평면 그림이지만 여러 가지 효과를 부여하면 살아있는 입체적 느낌이 들고 살아있는 것 같은 착시마저 일으키게 한다.

아나모픽-발췌 인터넷 위 사이트

이것 역시 나중에 느낀 것이지만 '활동의 재구성'은 그런 작업처럼 보였다.

평면에 연필로 그리듯이 희미하게 기록된 학습과 활동내용을 몇 개 모으거나 나누어 분류하고 그 내용을 분석하거나 새롭게 해석하는 약간의 덧칠을 함으로써, 아주 생생하고 살아있는 입체적 활동사진으로 만드는 것이다. 이러한 현상에 대해 간단하게 설명을 덧붙였는데, 신기한 느낌이 들었다.

"네가 한 학습과 활동에는 원래부터 이런 일들이 내재되어 있었는데, 너희들이 그것을 알아챌 능력이 없었던 것이다."

예를 들어, 생활기록부 봉사활동 기록에 있는,

'취약계층 아동 교육봉사를 위해 교육을 받은 후 OO지역 아동센터를 1년간 매주 금요일 2시간씩 정기적으로 방문함. 함께 놀아주며 아이들이 갖는 특성을 파악하여 각자에게 맞는 학습지도와 올바른 인성을 기르기 위한 통합적인 지도를 실시함. 아이들과 즐긴다는 생각으로 게임과 만화를 활용하며 소통하고 유대감을 형성함.' 이라는 내용은 후에, 진로 희망 란으로 옮겨가며,

'지역 아동센터 교육봉사를 연간 꾸준히 하며 체계적으로 초중학생의 학습과 생활을 이끌면서 '핀란드의 교육혁명', '초등학생 성장보고서, 나는 늘 주인공을 꿈꾼다' 등의 교육다큐멘터리를 보고 교육에 대한 가치와 교육이론 등을 공부함. 크게 변화하는 시대에 부합하는 새로운 방식의 교육을 고민하고 다양한 창의적 교육 방법론을 공부하면서 교육자로서의 자질을 가꾸어 새로운 교육발전에 기여하고자 하여 교육자(교사)를 꿈꾸게 됨.'이라고 명기 되었으며 3학년까지 지속된 봉사활동 란에는,

'아동센터에서 '교육봉사'를 회당 2시간씩 진행함. 아이들에게 '후퍼의 역설'을 이용한 '초콜릿 무한으로 먹기' 영상을 보여주고 아이들과 함께 '초콜릿 무한으로 먹기'를 체험해 봄. '초콜릿 무한으로 먹기'에 숨은 '후퍼의 역설'은 삼각형으로 보이는 사각형이 착각을 일으켜 역설이 일어나는데, 학생들이 역설에 대해 생각해 보며 기하학적 사고를 키우기 위해 사용되는 착시현상임을 알고 이를 사용할 방법에 대해 고민함. '초콜릿 무한으로 먹기'에 숨은 '후퍼의 역설'을 통해 학생에게 수학을 기하학적 측면에서 생각해볼 수 있는 기회를 제시할 수 있음을 알게 되었으며 이와 같은 수

학적 원리, 작용 측면의 능력을 키울 수 있는 교육방식을 공부함.'으로 기록되었으며 이러한 내용은 자기소개서에서 다시 한 번 강조되었는데 다음과 같다.

'2학년 초 아동센터에서 교육봉사를 시작할 때, 제가 힘들었던 점은 아는 것이 별로 없다는 것이었습니다. 제법 안다고 느낀 내용이 막상 아이들을 지도할 상황에서는 어떻게 해야 할지 몰랐습니다. 학교 선생님께 이유를 여쭈어보니 "지식은 두 가지가 있는데 알고 있다고 느끼지만 남에게 설명할 수 없는 지식과, 알고 있으면서 남에게 설명할 수 있는 지식이다. 두 번째가 진짜 지식이다."는 말씀과 함께 '메타인지'를 설명해 주셨습니다. 교육은 상황에 맞는 체계적인 이론을 학습해야 함을 깨달았습니다.

아동센터 교육 봉사에서 만난 정태는 수업 태도가 안 좋고 주의가 산만한 학생이어서 저는 어떻게 하든 수업 집중력을 높이고 싶었습니다. 그래서 '클래시 로얄' 등 게임을 통해 상호 친밀감을 형성하려 노력했습니다. 정태는 설명을 지루해하고 집중시간이 짧아 이런 학습 습관을 고치기 위해 연상단어방식 영어수업과 휴지통 만들기 등 참여 수업방식을 고안했습니다. 그러나 몇 주간의 노력에도 불구하고 변화가 없었으며 이를 선생님과 상담을 했습니다. 선생님께서 웃으시면서 "교육은 대개 비효율적이다. 교사는 100을 주지만 대부분 20의 결과만 볼 수 있다."라고 하시면서 "언젠가 바뀔 것이라는 믿음이 없다면 교사하기 힘들다", "물이 임계점에 이를 때까지는 아무런 변화가 없어 보인다. 그렇지만 그 내부에 변화가 있음을 믿어야 한다." 하셨습니다. 교사를 준비하는 학생으로서 교육에 조바심을 가지거나 성급한 결과를 바라는 것은 옳지 않다는 것을 깨달았습니다.'

내가 '핀란드의 교육혁명', '초등학교 성장보고서, 나는 늘 주인공을 꿈꾼다' 등을 보면서 교육에 대해 공부하고 고민한 것은 틀림없는 사실이다. 다만 그것이 가진 가치와 활용을 몰랐을 뿐이다.

'생기부' 영어 '세특'의 내용에는,

'영어의 긴 문장 독해와 어구 어절의 활용에 강점을 보이는 학생으로 매우 성실하고 우수한 학습능력을 보임. 평소 교육학에 관심이 많은 학생으로서 수능 특강 4강 영어지문 중 'The pedagogical of tradition'에 대한 글을 읽고 교수법의 특징을 생각해 봄. 4차 산업혁명 등 바뀐 현실을 반영하는 교육법으로 '학습자 중심의 플립러닝'에 주목하고 장단점을 분석하여 지식의 단순 전수가 아닌 창의성, 즉 지식의 활용(찾기)능력을 길러주는 일의 중요성과 방법을 교사와 토론함.

심슨가족 대본 독해를 통하여 School grammar가 아닌 실생활에서 사용하는 실생활 언어, 구어영어(old가 ol로 축약하여 쓰임)의 쓰임을 배움. 'Kinda'의 원형은 kind of이며 구어영어에서는 a little (다소, 약간)과 같이 유사한 부사로 쓰인다는 것을 알게 되었고 영화 'FROZEN (겨울왕국)'의 OST의 'Love is open door' 곡 가사 중 'Jinx'의 사전적 의미는 1. 재수 없는 일 2. 으레 그렇게 될 수밖에 없는 악운으로 표현되지만 구어에서는 '나랑 친구 혹은 다른 사람이 똑같은 말을 동시에 내뱉었을 때 외치는 말(찌찌뽕의 의역) 등 다른 의미로 쓰일 수 있다는 것을 알고 언어의 문화성에 대해 이해함.' 등의 내용이 기록되는 등, 강력하게 활성화 되었다.

참고로 '생기부'의 내용 일부는 다음과 같다.

'국어 세특'

'국어 '1단원 화법과 작문의 본질'단원에서 사회적 의사소통 행위로서의 화법에 대한 수업 중 '끼어들기'에 대한 탐구과정에서 끼어들기에 대한 집중 탐구 활동을 함.

끼어들기란 둘 이상의 화자가 존재하는 면대면 구어 소통 상황에서 한 화자의 발화 중에 다른 화자가 개입하는 행위를 가리키는 것으로써 현행 교육과정에서는 대체로 지양해야 할 행위로만 간단하게 다루어지고 있는데, 대립하는 화자들이 발언 기회를 공평하게 나누어 주장을 펼쳐나가는 토론 방식에서 끼어들기는 토론의 기본원칙을 위배하는 행위일 수 있지만 이를 단순화하여 부정적인 소통행위로만 간주하는 것에 문제가 있음을 제기함.

끼어들기는 소통 맥락에 따라 면대면 소통을 역동적으로 만들어주거나 정보를 수정, 확장하고 시너지를 형성하며, 구성적이며 참여적인 대화 상황을 형성하는 데 기여할 수 있음을 설명함.

이 과정에서 비교적 과거 끼어들기는 대체로 적대적인 행위로, 개입자는 공격적인 사람

(aggressor)으로, 그리고 피개입자는 죄 없는 희생자(innocent victim)로 여겨질 가능성이 크다는 점과 비교적 최근에도 끼어들기는 무례하고 예의 없거나 애정, 동정, 흥미, 관심표현으로 분리하여 분석한다는 점을 설명함.

'확률과 통계'

　'수학 '3단원 통계 1 확률분포-04 정규분포'에서 정규 분포를 학습한 이후 일상생활 속에서 정규분포가 존재하는지 실제로 알아보기 위해 'OO고등학교 3학년 남학생의 키'를 주제를 선정, 자료 수집하고 그래프를 만들고 발표함.

　OO고등학교 3학년 남학생의 키를 조사하여 데이터화하여 OO고등학교 3학년 남학생의 키를 '3단원 정규분포 단원'에서 배운 정규분포곡선으로 나타냄.

　50명의 학생에게 직접 물어가며 조사한 후 키의 총합(8876)을 구하고 응답자의 수인 50으로 총합을 나누어 평균(175.52)을 구함. 그 후 각각의 키에 평균을 빼 편차를 구한 후 편차의 제곱을 모두 구하고 각각의 값에 응답자의 수를 나누어 분산(34.8096..)을 구함. 분산에 루트를 씌워 표준편차(5.899966…)를 구함.

　학생들의 키를 확률변수 X로 정의하고 확률변수 X가 정규분포 N(175.52, 5.899966…^2)을 따른다고 보고 곡선을 구하여 곡선이 정규분포 곡선을 따름을 알아냄.

　이 활동을 수행하며 '3단원 정규분포 단원'에서 배운 정규분포곡선의 개념과 관련된 지식을 확립함.'

피그말리온 효과

　몇 번의 논의와 상담, 입시 준비에 대한 전략과 방법을 의논하면서, 난 차츰 '정말 교대에 갈 수도 있겠구나' 하는 느낌이 들었다. 단순히 학교생활기록부, 자기소개서 등 서류가 잘 되어서가 아니라, 나의 내면에 '교육'과 '교육자'라는 것이 뚜렷한 이미지와 의미를 가지고 새롭게 생성된 것이다. 그리고 '정말 이제야 내가 교육자의 자질을 갖추었구나', 하는 생각이 들어 뿌듯했다. 교대 입시에 실패하더라도 이 과정에서 얻은 게 너무 많으니 억울하지는 않겠다는 생각까지 하게 되었다.

　나중에 깨달은 것이지만 내 안의 장벽, 즉 '나'라는 장벽이 어느 틈엔가 사라진 것이다. 목표는 명확했고 이룰 수 있다는 자신감이 생겼으며 학습과 활동이 즐거웠다.

　그러나 교대 입시는 그걸로 끝이 아니었다. 농촌지역의 열악한 학교 환경, 고교 등급으로 보면 하위권을 면치 못하는 우리 학교의 실력, 특별한 교내외 활동이 거의 없는 고요와 은둔, 좌절의 학교, 이러한 학교에서 1등급대라고는 하지만 중하위권을 오르내린 내 성적……. 어느 하나 녹록한 것이 없었다.

　K가 말했다.

　"여기저기 붙긴 하겠다만, 광주교대, 청주교대 넣거라."

　"거기가 유리한가요?"

"우선 남녀 성비 적용하니 유리하고, 수능 최저 없으니 다른 방법도 없다. 진주교대도 하나 넣거라."

농수산대학은 수시 입시 6개 학교에 해당하지 않았으므로, 나는 별다른 고민이 없었다.

"농수산대학교도 하나 넣겠습니다." 예의상 하였는데,

"알아서 해라."하고 웃었다.

다음날부터 바로 면접 훈련에 돌입했다.

"아직 일차 발표도 안 했는데요?"

진주교대가 10월말, 광주와 청주교대가 11월 9일 일차발표가 예정되어 있었다.

"준비란 미리미리 하는 것이다. 붙는다는 신념도 필요하지."

교대 면접은 일반 대학의 면접보다는 조금 더 까다롭다. '교직적성'이라는 전제 아래, 제출 서류에 대한 진위, 내용과 습득여부를 확인하면서 특정 주제에 대한 분석과 자신의 생각을 피력하는 방식으로 진행되는데 실제 교실 수업처럼 칠판, 교구 등을 활용한 면접이 진행된다. 집단면접이나 토론을 요구하는 대학도 있었다.

K가 제공한 기출문제와 면접 후기를 보며 면접 준비를 하면서도 마음은 복잡하기 그지 없었다. 주로 일차 합격 여부가 관건이었다.

K는 '믿어라', 했지만 그렇게 말하는 것은 K뿐이었다. 외줄타기를 하는 심정처럼 조마조마한 나날들이었다.

가장 먼저 발표하는 진주교대에서 일차 탈락하고 나서는, 자신감이 한

꺼번에 없어지고 더럭 겁이 났다. 하루하루가 멍하고 현기증이 났다. 어떻게 그 시간을 보냈는지 잘 모를 지경이었다. 같은 날 동시에 발표하는 청주교대, 광주교대의 발표날짜를 꼽아 가며 하루하루 심장이 쪼그라드는 느낌이었다.

드디어 당일, 먼저 광주교대 사이트에 들어가서 내 이름을 확인하는 순간, 나는 영어학습실이 떠나가도록 괴성을 지르고 말았다. 내 이름이 합격자 명단에 있는 것이 믿기지 않았다.

바로 이어 두 번째로 청주교대를 검색했다. 더 큰 괴성을 지르는 바람에 영어학습실이 잠깐 동안 고요해질 정도였다.

면접이 더욱 중요한 과제로 떠올랐다.

K가 말했다.

"너는 우공이산, 우보천리다. 미련스럽게 연습하는 방법이 최선이다."

면접 후기를 모으고, 예상 질문서를 만들고, '생기부'의 내용을 넓은 범위까지 역추적하여 관련지식을 익히고 발표 연습을 했다. 청주교대 면접을 위해서는 예상 제시문에 대한 분석과 발표 내용을 거듭하여 익히곤 했다. 주요한 이슈로, '숙명여대의 시험지 유출 정황'이나, 특수학교 설립을 둘러싼 주민과의 갈등 문제, 4차 산업혁명과 교육의 문제, 착한 사마리안법 등에 대한 검토와 해석 등을 곁들여 연습했다.

처음에는 내용을 조리 있게 발표하기도 어렵고, 수준 높은 지식을 말하기도 어려웠지만 연습을 거듭하면서 일부는 외우고, 일부는 이해하면서 면접을 준비했다.

K가 말했다.

"토마스 제퍼슨이 이렇게 말했다. '나는 운의 존재를 믿고 있다. 그리고 그 운은 내가 노력하면 할수록 내게 달라붙는다는 것을 알고 있다.'고."

어렵사리 준비한 것에 대한 보답은 컸다. 그간 쌓은 내용과 지식, 훈련을 그대로 면접에서 활용하였다.

"잘 봤니?"

면접 마치자마자 전화로 묻는 K의 질문에,

"하고 싶은 얘기 다 했어요. 떨어져도 후회 없어요." 하고 말했다.

광주교대, 청주교대 두 개 교대에 최초 합격 발표를 보고 이유 없이 감동의 눈물이 주르륵 흘러내렸다. 내겐 드라마틱한 입시과정이었고 결국 원하는 바를 얻었다. 농수산대학에도 합격하였지만 내가 가야할 길은 농부가 아니었던 모양이다.

농부에서 교사로 내 인생의 항로가 바뀌는 순간이었다. 내 가난한 산골 마을에 축하의 플래카드가 걸렸다.

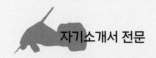

1. 고등학교 재학기간 중 학업에 기울인 노력과 학습경험에 대해 배우고 느낀 점을 중심으로 기술해 주시기 바랍니다. (1,000자 이내)

교직을 희망하는 저는 교육 관련한 교과 내용이 유난히 눈에 잘 들어왔습니다. 동아리 활동으로 교수법에 대한 토론을 하던 중에 영어 지문 '전통적인 교수법에서 발표자 지명의 중요성'을 접하게 되었습니다. 손을 들게 하는 '거수' 교수법은 교실의 질서 유지, 수업내용의 이해도를 확인하는 기능을 가진다는 내용입니다. 만약 이것이 고민 없이 행해진다면, 학생들에게 차별, 편애, 무관심한 교사의 모습을 보여 줄 수 있다(Thoughtlessly done, it may project the image of a teacher who discriminates, favours, or just does not care about students)는 내용입니다. 이 지문을 공부하며 저는 교사의, 고민 없이 이뤄지는 사소한 행동이 아이들에게는 큰 영향을 줄 수 있음을 깨달았습니다. EBS 다큐 '초등성장 보고서-나는 늘 주인공을 꿈꾼다.'를 보았습니다. '교사가 웃어주면 학생들은 자존감을 느낀다.'에 41퍼센트의 학생이 긍정한 것을 통해 사소한 행동이 아이들에게 큰 영향을 줄 수 있음을 재확인 하였습니다.

이후 학생친화적인 수업운영에 대해 자세히 알고 싶어 자료를 찾아보던 중 맞춤형 수업이 학습자의 이해와 학습 태도에 미치는 영향에 대한 석사논문을 접했습니다. 맞춤형 수업은 학생의 흥미, 학습능력 등 자료를 수집한 후 이에 따라 학생에게 맞는 수업 방식을 세워 학습을 돕는 수업입니다. 이를 통해 학습 효과를 높일 수 있음을 알게 되었습니다. 또한 논문에서는 학습능력 차이가 나는 수학과목으로 연구, 평가를 실시했는데 학생학습능력에 맞는 수업이 진행됨으로써 성적향상 효과가 있다고 하였습니다. 학생들의 특성과 학습 능력에 맞는 교수법의 연구와 적용이 매우 중요함을 알 수 있었습니다.

이외에도 체험적 행동을 통해 내면화를 유도하는 촉각적 학습법, 질의기반 학습 등 다양한 교육 방식이 시도되고 있다는 것을 알았고, 변화된 시대와 교육환경을 반영하는 노력을 알 수 있었습니다.

2. 고등학교 재학기간 중 본인이 의미를 두고 노력했던 교내활동을 배우고 느낀 점을 중심으로 3개 이내로 기술해주시기 바랍니다. 단, 교외활동 중 학교장의 허락을 받고 참여한 활동은 포함됩니다. (1,500자 이내)

교내 스쿨팜 활동에 2년간 참여하면서 저 스스로 많은 보람과 학업 상승효과를 느꼈습니다. 이를 조사해보니, 사제가 스쿨팜 활동에 함께 참여하면서 상호작용이 증가하고 이는 사제 간의 '래포' 형성에 영향을 준다는 것을 알았습니다.

래포 형성은 학생들이 학습 환경에서 안정을 느끼고 학업능력 향상에 긍정적인 영향을 미칠 수 있습니다. 외국 농업 체험형 학습연구 비영리단체인 'National Farm To School Network'는 외국 학제인 'K-12'를 대상으로 연구한 자료 'The effects of Teacher-Student Relationships', 'The Benefits of Farm to school'을 읽었습니다. 자료는 래포 형성으로 학업성취도, 학생의 학교 참여 증가를 기대할 수 있다고 설명하였습니다. 따라서 사제 간 친밀도는 매우 중요한 것임을 유추할 수 있습니다. 초등학교 선생님과의 좋은 유대 관계에서 중학교 선생님과 낮은 유대 관계로 옮겨간 학생들의 사례를 소개했습니다. 이러한 학생들은 대체로 학습 능력이 감소했습니다. 이와 반대로 중학교 선생님과 높은 유대관계를 가지는 학생들은 학습 능력이 상당히 증가였습니다. 학생들은 학업에 대한 교사의 기대를 인지하여 더 높은 학업 성취동기를 얻게 된다는 사실을 알 수 있었습니다. 교사와 함께 하는 스쿨팜 활동은 학생들의 학업과 인격 형성에 중요한 역할을 한다는 것을 알았으며, 더 적극적인 체험형 교육 프로그램이 필요하지 않을까 생각했습니다.

2학년 초 아동센터에서 교육봉사를 시작할 때, 제가 힘들었던 점은 아는 것이 별로 없다는 것이었습니다. 제법 안다고 느낀 내용이 막상 아이들을 지도할 상황에서는 어떻게 해야 할지 몰랐습니다. 학교 선생님께 이유를 여쭈어보니 "지식은 두 가지가 있는데 알고 있다고 느끼지만 남에게 설명할 수 없는 지식과, 알고 있으면서 남에게 설명할 수 있는 지식이다. 두 번째가 진짜 지식이다."는 말씀과 함께 '메타인지'를 설명해 주셨습니다. 교육은 상황에 맞는 체계적인 이론을 학습해야 함을 깨달았습니다.

아동센터 교육 봉사에서 만난 정태는 수업 태도가 안 좋고 주의가 산만한 학생이어서 저는 어떻게 하든 수업 집중력을 높이고 싶었습니다. 그래서 '클래시 로얄' 등 게임을 통해 상호 친밀감을 형성하려 노력했습니다. 정태는 설명을 지루해 하고 집중시간이 짧아 이런 학습 습관을 고치기 위해 연상 단어 방식 영어수업과 휴지통 만들기 등 참여 수업방식을 고안했습니다. 그러나 몇 주간의 노력에도 불구하고 변화가 없었으며 이를 선생님과 상담을 했습니다. 선생님께서 웃으시면서 "교육은 대개 비효율적이다. 교사는 100을 주지만 대부분 20의 결과만 볼 수 있다."라고 하시면서 "언젠가 바뀔 것이라는 믿음이 없다면 교사하기 힘들다"라고 하셨습니다. "물이 임계점에 이를 때까지는 아무런 변화가 없어 보인다. 그렇지만 그 내부에 변화가 있음을 믿어야 한다." 하셨습니다. 교사를 준비하는 학생으로서 교육에 조바심을 가지거나 성급한 결과를 바라는 것은 지양해야 함을 깨달았습니다.(1450)

3. 학교생활 중 배려, 나눔, 협력, 갈등관리, 리더십 발휘 등을 실천한 사례를 들고 그 과정을 통해 배우고 느낀 점을 기술해주시기 바랍니다. (1,000자 이내)

저는 학교 행사나 활동에 적극적으로 참여하는 편이었습니다. 학급 반장을 3년간 하였고 학생자치회 선도부 부원을 3년간 하기도 하였습니다. 입시에 대한 부담 때문에 걱정도 있었지만 이러한 활동 등은 결국 학교의 운영에 도움이 된 측면과 아울러 저의 성장에도 큰 도움이 되었음을 깨달았습니다.

어떠한 책임을 맡는다는 것은, 그에 따르는 판단과 결정, 결과에 대해서 책임을 져야 한다는 말과 같습니다. 선도부원을 하면서 저는 자주 규범과 이해 사이에서 고민하는 경우가 있었습니다.

친한 친구가 있었는데 수업시간에 내야 할 과제물 때문에 부득이 학교 밖으로 나가야 할 일이 생겼습니다. 친구는 그 사정을 설명하면서 외출을 부탁

했는데 학교 규정상 이런 경우 외출을 할 수는 없었습니다. 저는 선의적인 친구의 부탁과 선도부원의 책임 사이에서 역할모순이 발생하였음을 깨달았습니다. 규범 때문에 친구의 요구를 거절하면 친구가 곤란한 상황에 빠지고, 예외를 인정하면 규정을 어김과 동시에 그와 비슷한 예외가 허용되어야 하니, 규정이 만들어진 취지와는 다르게 되는 결과가 생깁니다. 그 때문에 잠깐 동안 고민에 빠진 저는 친구가 해야 할 일의 당위성이 크고, 얻을 편익이 크다고 생각하여, 친구 말의 진위를 확인하고는 외출을 허락했습니다. 다만 이 사실을 선생님께 알릴 것이라 말함으로써 사후 발생할 문제가 커지지 않도록 하였습니다. 선생님께 찾아가 그 친구의 일을 말하자 선생님께서는 예상과는 달리 웃으시면서 "이것은 '보편규범'에 관한 문제"라고 말씀하셨습니다. 그리고는 "전쟁에서 부상당한 적군을 치료하는 것이 보편규범"이라는 말을 덧붙이셨는데 저는 그것을, 객관적으로 부여된 당위적 규범으로, 정당한 행위라는 것으로 이해하였습니다. '달을 가리키는데 손가락을 본다.'는 말을 들은 적이 있습니다. 규정이나 규칙은 목적을 이루기 위한 수단인데 마치 그것이 목적인 것처럼 인식되는 경우가 있습니다. 상황에 맞게 이를 구분하는 분별력이 필요하다 느꼈습니다. (979)

4. 초등 교사에게 필요한 자질이 무엇이라고 생각하는지 쓰고, 그 자질을 갖추기 위해 어떤 노력을 해왔는지를 구체적으로 기술해주시기 바랍니다. (1500자 이내)

현대 사회는 창의성을 요구하고 2015 개정 교육과정처럼 교육 또한 창의적 교육으로 변화하고 있습니다. 이 때문에 교사에게는 창의성이 요구된다고 생각합니다. 쉬클로프스키의 '낯설게 하기'를 문학 시간에 배우며 창의성에 대해 생각해 본 적이 있습니다. '낯설게 하기란' 일상적인 사물이나 관념을 낯설게 하여 익숙한 사물을 다른 시각에서 볼 수 있도록 하는 방식입니다. 이를 통해 평소와는 다른 시각에서 보면 다른 사고를 할 수 있게 되는데, '평소와 다른 사고'가 창의성의 발단이라고 생각합니다. 교육은 복잡하고 역동적이며 교사에 따라서 활동 목표와 내용 등이 다양해진다 생각합니다. 학생의 창의성을 증진시킬 수 있는 방법이 궁금하여 찾아보던 중 Edward De Bono의 '여섯 가지 색깔의 사고 모자 기법'을 접하였습니다. 이는 학생의 '창의적인 사고'를 도우며, 다른 색깔과 의미를 가진 모자를 바꾸어 쓰며 사고해보는 기법입니다. 이를 통해 여러 유형의 사고경험을 하며 더 다양한 사고를 발전시킬 수 있고, 학생이 자신의 의사를 분명하게 표현할 수 있게 됨을 알았습니다.

이를 변형, 적용하여 직접 경험해 보았습니다. 3가지의 보자기를 준비하여 각각 보자기에 중립, 긍정, 부정의 역할을 부여하고 보자기를 둘렀을 때 그 보자기의 관점대로 생각해 보았습니다. 한 관점에서만 생각 할 수 있어 생각이 명료해짐을 느꼈으나, 창의성의 효과는 입증할 수 있는 방법이 없었습니다. 이에 창의성 증진을 알 수 있는 지표가 필요함을 느꼈습니다. 또한 일련의 경험과 '창의적이지 못한 교사와 창의적인 교사 중 후자의 학생이 더 창의적이다'라는 Torranc의 연구를 통해 교사의 자질인 '창의성'의 중요성과 학생의 창의성을 증진시킬 수 있는 방법에 대해 알게 되었습니다.

교사는 학생의 동기를 이끌어내는 동기유발이 중요하다고 생각합니다. ARCS 이론을 접한 적이 있는데 깊게는 알 수 없었지만 '개인의 학습동기가 학습에 많은 영향을 미친다.'라는 사실을 알았습니다. 때문에 교사에게는 학생의 동기유발이 중요하다 생각하였고 교사의 학습동기 유발 기술을 향상시키기 위한 방법에 대해 공부했습니다. 교사의 기술을 향상시키기 위해서는 이해만으로는 부족하고 이를 연습해야 한다고 생각했지만 학생의 신분으로는 여러 가지 제약이 따라 학습한 내용을 교단에서 직접 경험하는 것은 쉽지 않았습니다. 이 모습을 보시고 선생님께서는 'Simschool'이라는 교육 시뮬레이션을 알려주셨습니다. Zibit과 Gibson이 개발한 'Simschool'은 대인 관계, 선호하는 학습 환경을 고려하여 과제 부여와 대화를 통해 학생의 반응을 보며 학습내용을 경험해 볼 수 있습니다. 학습기술을 적용한 후 결과물을 통해 자신의 플레이를 검토해보며 개선점을 깨달았으며 이를 통해 교사의 동기유발 기술의 중요성을 다시금 깨달았습니다.

교육의 패러다임이 바뀌어도 변하지 않을 교육 도구가 있다면 그것은 교사의 언어일 것입니다. 교육에 있어 교사의 '말'은 가장 직접적인 교구이며, 교육의 중심적인 역할을 한다고 생각합니다.(1490)

킬로만자로의 표범이 되다

숭실대학교 산업정보 시스템공학 합격

킬로만자로의 표범이 되다

김수연, 숭실대학교 산업정보 시스템 공학 합격, 보통등급

위대한 성과는 갑작스런 충동에 의해 이루어지는 것이 아니라, 느리지만 연속된 여러 번의 작은 일들로써 비로소 이루어지는 것이다.

– 빈센트 반 고흐

넓은 들판에 혼자 남겨진

K가 말했다.

"학원을 그만 두는 게 낫겠다!"

나는 어안이 벙벙하여 그를 쳐다보았다. 갑작스럽게 한 말은 아닌 듯했다.

"안 그래도 바닥을 헤매는 성적인데 학원마저 그만두면 어쩌라구요?"

이렇게 물은 것은 내가 아니라, 어머니였다.

"더 바닥으로 갈까봐서 겁나요?"

"그렇죠. 더 다녀도 시원찮을 판인데."

"일단 그만 두고 살펴보죠. 더 떨어지지는 않을 테니까."

자신만만한 그의 태도 때문이었는지는 모르지만, 나로서도 그럴지도 모른다는 생각이 들었다. 한편으로는 거의 십년 동안 나를 꽁꽁 얽매고 있던 학원이라는 사슬로부터 달아나고 싶은 충동이 있었던 것은 아니었는지…….

"지금부터 공부를 전혀 안하고 시험을 치러도 그 등급은 나올 것 같네요!"

4등급 중후반을 오르내리는 내 성적을 보며 K가 자신 있게 말했다. 막상 당사자인 나는, '어디서 저런 자신감이 나올까.'하는 의문이 들 정도였다.

그로부터 나는 정말로 학원을 그만두어야 하나, 두 달 가까이 고민했다. 그리고 그 즈음, 나는 그때까지 다니던 영어, 수학, 국어, 과학 학원을 순서대로, 모조리 그만 두었다. 잠깐 동안 해방감을 느꼈지만 차차 두려움과 막연함이 물밀 듯이 밀려왔다. 어린 아이가 갑자기 넓은 들판에 혼자 남겨진 기분이었다.

'지금부터 뭘 한담?'

늘 다니던 학원이 사라져 버리니 무엇을 해야 할지 고민이 되었다.

그 맨숭맨숭한 심심함이라니.

시간이 터무니없이 남았다. 2학년 1학기 중간고사를 준비해야 할 시점에서 나는 나침반을 잃고만 것이었다.

K가 학원을 그만두라고 한 것은 내가 '평일은 학교 수업 후에 가서 4, 5시간 공부하고, 주말엔 학원서 10시간 정도 한다'는 말을 들은 직후였다.

"언제부터 그렇게 다녔니?"

"중학교 때부터니까 오래 됐어요."

"………."

고 1학년 성적표를 꼼꼼히 바라보다가 느닷없이 학원을 관두라고 말을 한 것이다.

"두고 보면 안다. 네 성적을 더 떨어지기는커녕 올라갈 것이다."

말도 안 된다고 느꼈지만 무언가 돌파구가 필요했던 나는 일단 그 말을 듣기로 했다. 부모님은 걱정하면서도 학원비 부담이 줄어든 것이 그리 싫지 않다는 표정을 간간이 내보이셨다.

후에 부모님이 다시 물어보았는데, K의 답은 간단했다.

"학원에서 정말 많은 시간 공부했다고 생각하지만 실제로는 하나도 안 한 거예요."

그리고,

"학원이 누구에게나 필요 없는 것은 아니지만, 도움이 안 되는 경우도 있죠. 수연이가 가진 능력으로 보아, 학원 공부 안 해도, 나아가 아무 것도 안 해도 그 등급은 나올 수 있어요." 했다.

그가 나에게 준 것은 '내신 학습법'이라고 정리된 A4, 5장 분량의 간단한 문서였다. 국영수 과목별로 체크할 내용이 적혀 있었다.

"시간을 정해라, 학습 시간. 그리고 하루에 할 학습량을 정해라. 많지 않아도 된다."라는 말이 다였다. 한 가지가 더 있다면,

"수학이나 영어 공부하면서 문제 풀거나, 메모한 것을 사진 찍어서 내게 보내라."하는 말이었다.

시간이 그렇게 천천히 가는 줄 그때 처음 알았다. 책상에 앉아 교과서와 참고서를 꺼내놓고 혼자 공부를 하는데 아무리 하여도 시간은 30분 정도 밖에 지나지 않았다. 다시 앉아서 문제를 풀었다. 그렇게 한참을 했다고 생각했는데 다시 30분. 잠시 난감하다는 생각이 들었다.

"네가 공부하다가 정말 어렵다, 싶은 내용을 쪽지에 적어봐라. 그리고 내게 보내라."

그의 말을 듣고 내가 정말 어려워하는 공부 문제를 과목별로 쪽지에 적어보았다. 다음과 같은 내용이 되었다.

[국어공부를 하면서 가지는 고민, 어려움]

1. 국어를 다른 수학, 영어와 같은 과목보다 공을 더 들이는데도 제가 어렸을 때 책을 안 읽은 탓인지, 제가 공들인 만큼의 성적을 못 받아서 아쉽습니다. 국어를 공부하는 보편적인 방법을 알려주세요.ㅠㅠ

2. 1학년 모의고사 성적이 낮아 이번 겨울방학 때 강의를 들으면서 국어 모의고사를 준비하고 이번 3월 모의고사를 치렀는데요. 제가 저번에

공부를 하지 않았을 때랑 비슷한 성적을 거두어서 많이 실망하고 좌절을 한 상태입니다. ㅜㅜ 제가 그냥 언어능력이 낮은 걸까요?

3. 문학과 같은 과목은 지문을 5번 정도 읽고 분석하고 문제는 2,3번 풀고 틀린 문제는 계속 시험 볼 때까지 풀면서 공부를 하는데도 시험성적은 제 노력과 비례하지가 않아요. 제가 공부하는 양이 적은 건가요?

제가 원래 어렸을 때부터 책을 많이 안 읽었고 그로 인해 국어를 못했는데 지금 노력해도 결과는 별로 나아지지 않았어요. 이게 제 가장 큰 고민이에요. ㅜㅜ

유치하긴 했지만 솔직하게 적은 내용이었고 정말 학습에 대해 내가 느끼는 고민이었다.

"공부에 왕도가 없다는 말이 있다."며 공부 요령에 대해 설명해 주었는데 들을 때는 수긍이 갔지만 실제 적용하면서는 여전히 어려운 문제로 남았다. 내가 그런 얘기를 하자,

"네가 공부에 대해 고민하기 시작한 것은 벌써 문제 해결의 입구에 들어선 것과 마찬가지다."하며 웃었다. 그리고는 고흐의 말을 들려주었다.

"위대한 성과는 갑작스런 충동에 의해 이루어지는 것이 아니라, 느리지만 연속된 여러 번의 작은 일들로써 비로소 이루어지는 것이다."

어려움을 겪던 수학에 대해서는, 정말 어떤 점이 어려운가, 적어 보았더니 다음과 같은 내용이 되었다.

[수학공부를 하면서 가지는 고민, 어려움]

176 김수연, 숭실대학교 산업정보 시스템공학 합격

1. 수학 개념이나 공식을 알고 있는데도 문제를 보면 그것들을 어떻게 적용하는지를 모르겠어요.

2. 수학과목이 저한테 가장 중요한데도 불구하고 거부감이 드는 것은 제 잘못이겠죠……?

3. 수학교과서나 학교선생님께서 풀라고 하신 보충교재들을 3,4번 풀었는데도 점수가 낮은 건 제가 공부한 방식이 틀린 걸까요?

4. 혼자 수학을 공부하는 학생으로서 학원을 다니는 친구들을 못이기는 것이 너무 분해요.ㅜㅜ(이것은 그냥 제 개인적인 고민이에요. ㅠㅠ)

5. 모르는 문제는 강의를 들으려고 하는데 제가 오래 보아온 인강 선생님들만 선호해서 지금 수능특강 미적분 모르는 문제를 해결을 못하고 있어요. 혹시 이비에스에서 인강 선생님을 추천해주실 수 있으세요?

6. 마지막으로. 수학은 암기과목이 아니라고 수학선생님들이 흔히 말씀하시는데 수학은 암기과목이 맞죠……? (이 질문은 그냥 궁금해서 여쭈어보는 겁니다!! ㅎㅎ)

또 한 차례의 선문답이 오갔다. 그렇지만 처음과 다르게 뭔가 알맹이가 조금씩 채워지는 느낌이 들었다.

[영어공부하면서 가지는 어려움]

1. 단어의 뜻을 몰라 해석하는데 어려움이 많아요. 이 문제는 단순히 단어를 암기하면 되긴 하지만 그 부분이 조금 힘들어서 그런데 단어를 조금

이나마 수월하게 암기하는 방법이 있을까요?

2. 학교 수업에서 진행하는 수업 진도 속도에 대해 고민이 있어요. 혼자서 하기엔 벅찬 것이 조금 고민입니다.

3. 수능 유형 중 '빈칸 채우기', '흐름에 무관한 문장 찾기', '문단속에 문장 넣기', '문단 요약' 유형이 가장 어렵고 많이 틀리는데 수월하게 공부할 수 있는 방법이 있을까요?

4. 마지막으로 영어를 또는 수능특강을 혼자 공부하는 방법을 알려주세요!

문항에 따른 어드바이스를 얻을 수 있었고 도움도 되었다. 하지만 그 과정에서 내가 찾은 진리는, 무엇이든 내가 해야 한다!였다.

'너는 그림을 그릴 수 없다!'

공부하는 일이 점차 자리를 잡아간다고 느껴졌다. 어느 때는 수학 문제 한 문제를 가지고 1시간 넘게 씨름하는 경우도 생겼다. 어느 순간부터 시간이 더디게 가는 것이 아니라 이젠 쏜살같이 간다는 느낌이 들었다.

그 즈음 동네 독서실 정기권을 끊었다. 부모님은 알 듯 모를 듯 함박웃음 같은 것을 자주 내비쳤다.

혼자 공부하면서 맞닥뜨리는 어려움 중 가장 큰 것은 무엇일까?

나는 단연코 그것이 '고독감'이라고 말하고 싶다. 그로부터 비롯된 어려움이 참 많다. 첫 번째가 다른 사람의 도움을 받을 수 없다는 것이다. 학원선생님들이나, 친구들로부터 아무런 도움을 얻을 수 없다보니, 그러한 도움 없이 어려운 문제를 스스로 해결해야 하는 문제가 가장 어려웠다.

두 번째는 자기 확신을 하지 못하는 것이었다. 공부를 하고 문제를 풀면서도 '이러한 공부 방식이나 과정이 옳게 하는 것인지' 알 도리가 없는 것이다. 학원에 다닐 때에는 이런 고민을 할 아무런 이유가 없었다. 학원 선생님이 가르쳐 주시는 대로 따라 하기만 하면 되었으니까.

"내가 옳게 하고 있는 것인지 알 수 없고, 그러니 불안해요."

이런 하소연을 자주 K에게 했다.

"'할 수 있다고 믿어라. 그러면 이미 반은 이루어진 것이다.' 루스벨트 대통령의 말이다."

학원을 그만 둔 일로 학원을 계속 다니고 있는 친구들 사이에서 '공부도 못 하는 애가 걱정 된다', '포기한 거겠지' 하는 얘기가 오갔다는 말을 듣고는 야릇한 오기 같은 것도 생겼다. 이런 얘기를 또 하자, K는,

"만일 네가 '너는 그림을 그릴 수 없다'라는 말을 듣는다면, 그 후 무슨 일이 있더라도 그림을 그려라. 그러면 그 사람은 아무 소리도 못 할 것이다. 고흐가 한 말이다." 하고 웃었다.

우여곡절을 겪으면서 중간고사를 치렀는데 시험을 치르고 나서도 나는 불안하기 짝이 없었다. 학원에 다닐 때면, 바로 학원 선생님이 정오답을 체크하고 성적을 말해주었을 것인데, 학교에서 아이들하고 정답을 돌려본 후에도 '내가 저렇게 썼던가?' 하는 생각이 들어 불안했다.

결과가 발표되어서야 나는 비로소 어느 정도 성적을 올라갔다는 사실을 실감할 수 있었다.

1학년 때 주요과목 4,3,4,4 정도였던 성적이 4,2,3,2 정도로 올라갔으니 아주 큰 향상이 아닐 수 없었다. '기적적'이라고 느낄 수밖에 없었다.

고흐의 말처럼, 아이들의 비웃음 섞인 뒷담화가 사라졌고 오히려 놀랍다는 얘기가 들려왔다.

학원을 끊으면서 내게 이제까지와는 다른 몇 가지 현상이 일어났다.

첫 번째가 '공부할 시간'이 생긴 것이다. 학원에서도 종일 공부했지만 지금에 와서는 공부했다는 생각이 들지 않았다.

두 번째가 '어려운 문제를 패싱 하는 경우'가 없어진 것이다. 끈덕지게 혼자 씨름하면서 어떻게든 결말을 보게 된 것이다. 전에 이해한 것처럼 생각하고 넘어간 것과는 아주 다른 현상이었다.

세 번째는 '혼자 해결할 능력'이 생겼다는 것이다. 시간을 정하고 문제를 정하고 이를 해결해 가는 과정 모두가 오롯이 혼자 해야 할 몫이었다. 이것이 습관화 되었다.

2학년 2학기 성적표에는 3,2,2,3으로 4등급이 사라졌다. 3학년 1학기 때 성적은 최종적으로 종합 2.23 등급까지 향상되었다. 최종 성적을 받아보고 벌써 합격에 훨씬 가까워졌다는 기분이 들었다.

이 과정을 자기소개서에 다음과 같이 적었다.

'1학년부터 3학년까지 성적을 꾸준히 올릴 수 있었던 비결은 자신만의 계획을 짜고 공부한 덕분입니다. 1학년 1학기까지 학원을 다니느라 학교 공부를 못한 채 학원 숙제하느라 바빴습니다. 시간은 늘 부족했고 성적은 오르지 않았습니다. 부모님과의 상의 후 학원을 끊고 혼자 계획을 짜고 시간을 분배하여 공부하는 것은 정말 힘들었지만 반복해서 극복하려는 의지로 이어나갔고, 점차 이런 상황에 익숙해지면서 성적은 향상되었습니다. 저는 하루 계획을 정말 할 수 있는 양만큼 정했습니다. 자신을 과대평가하여 계획을 지키지 못하면 공부에 대한 자신감이 떨어지기 때문입니다. 이런 작은 변화가 나비효과처럼 큰 성적 향상을 불러왔습니다. 성공에 이르는 길은 계획과 꾸준함, 자신에 대한 믿음에 있다는 것을 깨달았습니다.'

글자 수 때문에 자세히 적을 수는 없었지만 실제 한 일에 대해서 잘 적었다는 생각이 들었다.

대전환을 통한 '최적화'

성적 관리가 순조롭게 이루어지던 이 시기 다른 곳에서 큰 고민이 생겼다. 나는 1학년부터 2학년까지 진로를 오직 '건축학과'로 정하고 있었다.

K가 말했다.

"내가 보기에 너는 건축학과 안 된다. 가서 하는 공부도 감당이 안 될 것이고, 더구나 건축사 시험을 통과한다는 것은 더 어려워 보인다. 그러니 다른 방향이 좋겠다."

1학년 말에 학습에 대한 고민, 학원 수강 문제와 함께 나눈 말이었다. 당시 나는 물러서지 않았다.

"아무리 어려워도 건축학과 갈래요."

왜 그런 강한 집념, 고집이 생겼는지는 모른다. 중학교 때부터 당시 서울에 있는 모 대학교 건축학과에 다니는 친척 언니의 강한 영향을 받은 때문이었을 것이다.

K는 미덥지 않은 표정이었지만, 그리고 몇 번 더 강한 어조로 다른 진로를 권유했지만 '아무리 어려워도'라는 나의 결심은 바위처럼, 흔들리지 않았다.

건축학과 진학을 위한 준비가 진행되었다. 1학년 때는 당연히 진로 희망 란에 '건축사'라고 적혀있었고 2학년 역시 '건축사'라고 아주 확고하게 적었다.

자율동아리 '베르사유'에서는 살고 싶은 집의 설계도를 작성하고 스티로폼으로 직접 그 집을 제작하는 활동을 하였다. 봉사활동으로 다녀온 산성(山城) 정화 활동에서는 산성 축조방식이 '계단식 삭토법'에 따라 이루어지고, 이는 '성벽의 무게를 분산하고 빗물이나 지하수가 성벽에 스며들어 슬라이딩 현상이 일어나는 일을 방지하는 역할을 한다'는 등 관심분야에 대한 지식을 넓혀갔다.

2학년 말에는 부랴부랴 세종시까지 찾아가서 '해비타트'에 참가하여

'노가다' 봉사를 했으며 '피보나치 수열'과 건축의 관계, 영어 수업에서 'my dream job'을 통해 건축사의 역할과 가치에 대한 영작문을 작성하기도 하였다.

'건축가가 말하는 건축가', '나, 건축가 안도다다오', '보이지 않는 건축, 움직이는 도시', '건축가가 사는 집', '건축, 음악처럼 듣고, 미술처럼 보다' 등 건축 관련 독서도 집중적으로 하였다.

이 중 가장 인상 깊은 활동은 '서울 건축비엔날레'와 '광주 비엔날레'에 참가한 것이었다. '돈의문 박물과 마을'과 '동대문 디자인 플라자' 등을 보고 도시 공간과 설계에 대한 공부, 실전 체험 등을 하여 건축에 대한 식견을 넓혔다.

당시의 공부한 내용이 '자소서'에 이렇게 적혔다.

'돈의문 박물관 마을에서는 지구 온난화와 황사, 가뭄 등의 환경 문제를 주제로 친환경적인 건물과 환경오염에 대처하는 건축물을 제시해 두었습니다. 도시의 환경 오염도를 그래프로 볼 수도 있었는데 환경오염의 심각성과, 건축에서 이 문제에 대처하는 방식을 알 수 있었으며 사람의 삶에 있어 자연과 환경을 우선적으로 고려해야 함을 알았습니다.

디자인 플라자는 도시설계학과 관련이 깊었습니다. 북한 평양의 주택 형식을 그대로 꾸며 놓은 작품이 매우 인상 깊었는데 우리나라 80-90년대의 집과 비슷한 구조로 되어있었으며 평양이라는 현재의 도시 기능에 적합하도록 설계되었음을 알았습니다. 영어 독해 지문에서, 'The Change of Object in Urban Design'은 도시 설계가 표현하는 대상의 변화를 적은 지문입니다. '역사적으로 도시는 종교적, 현세적 권력의 근원으로서의 신과 왕을 표현하는 데 맞게 설계되었지만 현대 민주주의 사회가 등장하면서 도시는 일반 사람들을 위해서 설계되었다'는 내용이 있는데 평양시가지와 주택의 형태에서 그 말의 뜻을 이해할 수 있었습니다. 나아가 평양도시의 변화가 앞으로 어떻게 진행될지에 대해서도 짐작할 수 있었습니다.'

그런데 결정적으로 2학년 겨울방학에, 나에게 건축가의 꿈을 주었던 그 언니로부터 '절대 건축학과 오지마라.'는 말을 들었다.

"너무 힘에 부쳐. 건축사 된다는 가망도 거의 없고…… 힘들어."

대략 이런 투의 얘기를 들은 것이다. 건축사에 대한 의욕이 갑자기 팍 꺾여 버렸다.

"어쩌죠?"

K가 말했다.

"아직 늦지 않아서 다행이다. 얼른 변경하자."

"건축과 간다고 많은 활동을 하고 '생기부'에 적었는데…… 후회 돼요."

"한 때 너를 미소 짓게 했던 일을 절대 후회하지 마라. 그것 때문에 네가 여기까지 왔고, 무언가 네 안에 남아있기 마련이니까."

K가 쓱 웃었다.

통계학, 환경공학 등 여러 학과를 놓고 공부하고, 다시 의논한 끝에 산업공학(산업경영)으로 방향을 정했다. 자세히 공부한 후 해 볼만한 분야라는 생각과, 건축을 하겠다고 하면서 쌓은 몇 가지 활동을 활용할 수 있는 점, 그리고 '궁극적인 최적화'라는 것이 마음에 들었다.

3학년 진로희망 란에는 다음과 같이 기록됐다.

'대학교 사이트에서 나에게 맞는 학과를 찾는 도중 산업(경영)공학과를 발견함. 인간에게 최적의 시스템을 제공하기 위해 수학적, 과학적 원리를 이용하는 것으로 수학과 과학에 흥미가 있는 학생으로서 가장 눈이 갔던 학과였음. 건축학과에서 산업공학과로 바꾸게 된 이유는 건축학과보다 더 폭 넓은 학과를 가고자 하는 마음이 생겨 산업공학과로 바꾸게 됨. 이후 산업공학의 의미, 산업공학과에 진학을 하면 배우는 내용, 산업공학과에서 요구하는 사항 등을 찾아봄으로써 관련 지식을 쌓음.'

좀 궁색해 보였지만 솔직한 마음의 표현이었다.

'산업공학이란 무엇인가?', '빅데이터 인간을 지배하다', '재미있는 통계학', '통계의 거짓말' 등 4차 산업혁명과 빅데이터, 통계 분야의 공부를 하며 산업공학에 대한 감각을 키워나갔다. 짧은 기간이었지만 새롭게 작정한 만큼 빠르게 많은 것을 배워야겠다는 마음으로 산업공학 분야의 공부를 해나가며 그 전에 공부한 건축과 연계될 수 있는 부분에 대해서도 새롭게 정리할 수 있었다.

특히 '인간공학'은 건축이든 도시든, 산업이든 인간의 삶을 중심으로 최적화한다는 대전제에 있어 동일 범주에 속한다는 생각을 하게 되었다.

완전히 많은 것을 이해한 것은 아니었고, 내 생각이 모두 아귀가 딱딱 맞는 말은 아니었지만, 나의 이러한 노력을 내가 지원한 대학, 아주대, 숭실대, 전남대에서 높게 사주었다.

처음 내가 갈 수 있는 대학의 명단에도 없었던, 아주 좋은 대학들이었다.

꿈은 꿈꾸는 자에게 이루어진다는 사실을 확실하게 인식할 수 있었다.

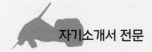 자기소개서 전문

---

1. 고등학교 재학기간 중 학업에 기울인 노력과 학습경험에 대해 배우고 느낀 점을 중심으로 기술해 주시기 바랍니다. (1,000자 이내)

모의고사 문제 풀이 중 확률과 통계 문제인 '동전 A, B의 앞면과 뒷면에는 각각 1과 2, 3과 4가 적혀 있고 각각 세 번, 네 번을 던져 합이 19 또는 20일 확률'을 구하는 문제를 풀어보았습니다. 이 문제는 합이 19일 때와 20일 때의 경우를 분류하고 독립시행 공식에 대입하여 풀어야 합니다. 동전을 여러 번 던지는 경우를 반복하고 동전 A, B를 던져 일어나는 사건이 독립이므로 독립시행 공식을 적용해야 합니다.

저는 수학 문제 풀이를 할 때 원리 이해보단 공식 암기를 택하여 문제를 풀

었습니다. 공식을 암기하여 문제를 푸는 방법이 시간을 절약할 수 있을 거라 생각했기 때문입니다. 하지만 모의고사 고난도 문제를 풀며 이러한 암기 방법이 틀렸다는 것을 알게 되었습니다. 공식만 암기하여 풀 수 있는 고난도 문제는 드물었기에 모의고사 수학 성적이 오르지 않았습니다. 이런 점의 해결책으로 저는 모의고사 4점 문제를 공책에 식을 정리하여 쓰고 어느 부분에서, 무슨 공식을 적용해야 하는 지를 파악하며 풀었더니 문제가 풀렸습니다. 이러한 방법을 씀으로써 수학은 공식을 무작정 암기하는 과목이 아닌 원리 개념을 이해하여 푸는 과목임을 알게 되었습니다.

　1학년부터 3학년까지 성적을 꾸준히 올릴 수 있었던 비결은 자신만의 계획을 짜고 공부한 덕분입니다. 1학년 1학기까지 학원을 다니느라 학교 공부를 못한 채 학원 숙제하느라 바빴습니다. 시간은 늘 부족했고 성적은 오르지 않았습니다. 부모님과의 상의 후 학원을 끊고 혼자 계획을 짜고 시간을 분배하여 공부하는 것은 정말 힘들었지만 반복해서 극복하려는 의지로 이어나갔고, 점차 이런 상황에 익숙해지면서 성적은 향상되었습니다. 저는 하루 계획을 정말 할 수 있는 양만큼 정했습니다. 자신을 과대평가하여 계획을 지키지 못하면 공부에 대한 자신감이 떨어지기 때문입니다. 이런 작은 변화가 나비효과처럼 큰 성적 향상을 불러왔습니다. 성공에 이르는 길은 계획과 꾸준함, 자신에 대한 믿음에 있다는 것을 깨달았습니다.

2. 고등학교 재학기간 중 본인이 의미를 두고 노력했던 교내활동을 배우고 느낀 점을 중심으로 3개 이내로 기술해주시기 바랍니다. 단, 교외활동 중 학교장의 허락을 받고 참여한 활동은 포함됩니다. (1,500자 이내)

1학년 때 학교에서 선발되어, 인근 백운고등학교에서 개최한 미래인재 캠프에 참가하였습니다.

여러 프로그램이 있었는데 저는 인공지능 프로그램과 나일론 합성실험을 선택하여 참여하였습니다.

인공지능 프로그램은 저희가 직접 로봇을 조립하고 그 로봇에 프로그램을 저장하는 내용으로, 로봇에게 검은 선을 밟고 흰 선은 밟지 않는 데이터와 빨간 선은 멈추고 파란 선은 피해가는 데이터를 저장하여 실험을 하는 것이었습니다.

프로그램을 작성하여 실험을 하였는데 저희 로봇이 빨간 선과 파란 선을 인식하지 못하여 계속 움직이는 오류를 보였습니다. 어디가 잘못되었는지 파악을 못해 몇 번이나 실패를 거듭한 끝에 선생님의 조언을 듣고 다시 도전하여 성공하였습니다.

4명이 한 조가 되어 실시한 나일론 합성실험은 아디프산과 헥사메틸렌디아민 용액의 축합중합반응으로 나일론실을 뽑는 실험이었는데 나일론실을 뽑을 때 실이 끊기지 않도록 액체의 농도와 질량에 주의하는 것이 중요한 내용이었습니다. 이 실험에서도 작은 실수가 이어져 몇 번의 시도를 거듭한 끝에 성공에 이르게 되었습니다.

4차 산업혁명 시대에 인공지능 등 발전하는 과학 분야 체험이 깊은 인상을 주었지만 저로서는 이 실패의 경험이 더 기억에 남았습니다. 아주 작은 실수로도 크게 실패하는 결과를 남길 수 있다는 것이었습니다. 과학과 산업분야에 있어 이러한 점이 특히 중요한 일이라는 것을 깨달았습니다.

2017년 10월 서울 건축 비엔날레 장소인 돈의문 박물관과 동대문 디자인 플라자를 방문하여 건축과 도시 설계에 대한 공부를 할 수 있었습니다.

돈의문 박물관 마을에서는 지구 온난화와 황사, 가뭄 등의 환경 문제를 주제로 친환경적인 건물과 환경오염에 대처하는 건축물을 제시해 두었습니다. 도시의 환경 오염도를 그래프로 볼 수도 있었는데 환경오염의 심각성과, 건축에서 이 문제에 대처하는 방식을 알 수 있었으며 사람의 삶에 있어 자연과 환경을 우선적으로 고려해야 함을 알았습니다.

디자인 플라자는 도시설계학과 관련이 깊었습니다. 북한 평양의 주택 형식을 그대로 꾸며 놓은 작품이 매우 인상 깊었는데 우리나라 80-90년대의 집과 비슷한 구조로 되어 있었으며 평양이라는 현재의 도시 기능에 적합하도록 설계되었음을 알았습니다. 영어 독해 지문에서, 'The Change of Object in Urban Design'은 도시 설계가 표현하는 대상의 변화를 적은 지문입니다. '역사적으로 도시는 종교적, 현세적 권력의 근원으로서의 신과 왕을 표현하는 데 맞게 설계되었지만 현대 민주주의 사회가 등장하면서 도시는 일반 사람들을 위해서 설계되었다'는 내용이 있는데 평양시가지와 주택의 형태에서 그 말의 뜻을 이해할 수 있었습니다. 나아가 평양도시의 변화가 앞으로 어떻게 진행될지에 대해서도 짐작할 수 있었습니다.

도시 구성원들의 삶의 형태와 기능 고도화에 따라 전체 도시의 설계 내용은 최적화의 방식으로 바뀔 수밖에 없을 것이다 생각하였습니다. 사물이나

현상을 이해하고 예측하는데 깊이 있는 지식이 필요하다는 사실을 깨달을 수 있었습니다.(1480)

3. 학교생활 중 배려, 나눔, 협력, 갈등관리, 리더십 발휘 등을 실천한 사례를 들고 그 과정을 통해 배우고 느낀 점을 기술해주시기 바랍니다. (1,000자 이내)

저는 초등학교 3학년부터 광양시청에서 운영하는 광양가족봉사단 3기에 속해 봉사활동을 해오고 있습니다. 가족 모두가 한 달에 한 번씩 주말에 봉사를 하는 시스템입니다. 요양원에 가서 할머니, 할아버지 안마를 해드리기, 책 읽어드리기, 식사 챙겨드리기, 간식 챙겨드리기, 휠체어 밀어드리기, 청소하기, 식사 준비하기 등을 하거나 김장, 길거리 청소, 축제 돕기 등의 활동을 지금까지 11년을 해오며, 봉사활동은 대상자가 필요로 하는 것을 일시적인 아닌, 꾸준히 해야 하는 것이라는 나름대로의 철학도 가질 수 있었습니다.

인상 깊은 봉사활동은 '해비타트 활동'입니다.

'산으로 간 민달팽이 동화'를 읽으며 집 없는 민달팽이 가람이의 처지를 안타깝게 생각한 적이 있었습니다. '집은 누구에게나 필요한 것'이라는 생각을 그때부터 하게 되었고 그 일에 작은 힘이라도 보태고자, 충남 세종시 해비타트에 참가 하였습니다. 해비타트는 저소득층을 위한 저예산 집, 이동식 집을 만들거나, 벽화 그리기 등의 활동이 포함된, 한마디로 '집 지어주는 봉사'라 할 수 있습니다.

저는 아파트를 만드는 봉사에 참가하였는데 총 두 개 동으로 이루어져있고 제가 갔을 땐 벌써 1동이 목조로 틀이 잡혀있던 상태였습니다. 저예산 아파트라고 해서 부실한 아파트를 뜻하는 것이 아니라 저예산이되 좋은 재료들을 쓴다는 점을 설명을 들어 알게 되었습니다. 아파트의 단열을 위해 스티로폼을 활용하거나, 짐을 실어오기 위해 만들어진 나무판자들을 재활용하는 등 저예산에 맞는, 조금 특이한 집짓기에 참가하여 크기에 맞게 보온 스티로폼을 레이저로 자르는 활동, 그 스티로폼을 직접 아파트에 끼워 넣는 작업을 하였고 나무판자들을 다시 분해하는 일을 하였습니다.

여러 사람의 노력이 합쳐져서 점차 아파트의 형태를 갖추어 가는 것을 보며 '여러 사람의 협력과 분담의 힘'을 느꼈습니다. 공동체적 삶이란 이런 것이구나 생각할 수 있었습니다. 여학생으로서 일은 고되고 힘들었지만 내 힘으로 다른 사람을 위해 역할을 한다는 사실이 자못 뿌듯하였습니다.(994)

4. 지원 동기와 대학 입학 후 학업 계획 및 향후 진로계획에 대해 기술해 주시기 바랍니다. (띄어쓰기 포함 1,000자 이내) -숭실대

저의 진로 희망은 건축가였습니다. 좋은 건축가가 되겠다는 희망으로 다양한 교내외 활동을 하며 건축가가 되기 위한 훈련을 해왔다고 생각했습니다. 그런데 3학년이 되어 그간 했던 일이 건축가가 되기 위한 것이 아니라 '건축이 무엇이구나' 하는 것을 배우는 과정이었다는 생각이 들었습니다. 건축을 단지 집을 짓는 일이라 단순하게 생각했었다는 것을 깨닫게 되었습니다.

오히려 그것이 제게 좋은 계기가 되었습니다. 건축 관련 공부를 하면서 '인간공학'이라는 개념을 접한 적이 있는데 건축공간은 사람들이 활동하는 장소이므로 편리하고 안전하며 크기, 높이, 창문, 출입구 등은 인체치수 중심으로 최적화 되어야 한다는 것입니다. 어린이 출입 건물, 상점, 도서관 등의 건축물은 인체치수와 활동 내용을 반영한다는 것인데 이러한 인간공학적 개념이 산업공학의 주요한 요소임을 알았습니다. 인간공학은 심리, 생리학은 물론 기계공학, 도시건설, 건축공학과도 긴밀한 관련을 맺고 있음을 알았습니다.

과학 선생님의 추천으로 '공학의 마에스트로 산업공학(대한산업공학회)'에서 산업공학의 정의, 다양한 산업공학, 인간공학, 산업공학을 전공하면 하는 일 등의 내용을 읽었습니다. 앞의 책을 먼저 읽고 '산업공학이란?'을 읽고 산업공학에 대한 응용된 내용의 책인 '스마트 스웜(피터 밀러)'을 읽었습니다. 이 책은 곤충이 자신들의 특징을 이용하여 최적의 방법을 찾아 군집을 이룬다는 내용입니다. 곤충의 이러한 점에 인상을 받아 사물(일과 물건을 아울러 이르는 말)에 적용해보고 싶다는 생각이 들었습니다.

저는 입학 후 인간공학에 대해 학습하고 싶습니다. 그중 인체공학에 관심이 있어 찾아본 결과 모든 사물이 인체공학과 관련이 있음을 알게 되었습니다. 저는 평소에 불편한 사물이 있으면 이유가 무엇이고 이러한 점을 어떻게 고치면 편리할 수 있는지에 대해 많은 고민을 한 것이 떠올랐습니다. 흔들리는 의자와 책상, 칠판 등을 예로 들 수 있습니다. 이러한 사소한 사물을 시작으로 넓은 범위의 사물을 최적화 시키고 싶은 소망입니다.

전략의 제왕

중앙대 식품공학 합격

전략의 제왕

이은수, 중앙대학교 생명공학과 합격, 내신 좋은 등급

손빈은 방연에게 무릎 뼈가 잘리는 형벌을 받았다. 손빈은 이후 헛소리를 해대고 돼지 배설물을 먹으며 미친 척을 하였다. 방연이 안심하고 손빈에 대한 감시를 소홀히 하는 틈을 타 제나라로 도망가, 제나라 군 책사가 되어 결국 방연을 멸망시켰다. 이를 강이피지(强而避之)라 한다.

전략

전략이라는 것은 늘 필요하다.

초등학교 때부터 나름대로 머리 좋다는 말을 듣던 나는 중학교 고학년으로 가면서 나보다 훨씬 더 머리가 영리하고 노력을 많이 하는 친구들을 숱하게 보면서 자랐다. 부모님은 내가 그들 틈에서 충분한 경쟁력을 가졌다고 생각하셨고 그들과 경쟁하길 원하셨지만 내 생각은 달랐다. '강한 적은 피해야 한다'는 것이 내 생각이었다. 강한 상대는 워낙 강했다. 피하는 것이 상책이었다.

우리 집은 전주시내에 살고 있었는데 나는 전주시에서 조금 벗어난 군 단위 지역의 고등학교로 진학하기로 결심했다. 전주는 비평준화지역이었고 전주 외곽의 그 학교는 전주시에서 탈락한 학생들이 가는 학교였다. 대입에서 내신이 매우 중요한 이 시점에, 아예 처음부터 그 학교를 선택한 것을 나는 충분히 '전략적'이라고 생각했다.

하지만 전략에도 차질은 있기 마련이다. 막상 진학하자 나와 비슷한 '강이피지 전략'을 몸소 실천한 학생들이 적지 않았던 것이다. 아주 수월할 것으로 생각했던 일이 생각보다는 어렵게 되었지만 그렇다고 아주 위협적이진 않았다. 오히려 어떤 면에서는 아주 맹탕보다 낫다는 생각이 들었는데 약간의 자극, 경쟁은 발전에 밑거름이 되기 때문이다. 말하자면 호랑이굴에서는 나온 셈인데, 들판에서 늑대 무리를 만난 것과 비슷했다. 요령만 있다면 충분히 견딜만하다 생각했다.

두 번째로 훌륭한 전략은, 강한 적이 많은 문과를 피해 이과를 지원한 것이다. 1년 동안 공부하며 강한 적과 약한 적을 구분하였으며 그들의 선택과 관련 정보를 면밀히 관찰한 결과였다. 평소 문과에 갈 것으로 생각한 친구들은 입을 쩍 벌렸다.

"네가 이과라구?"

"그건 평소 네가 한 말이나, 재능, 적성과 너무 다른 선택 아니야?"

이렇게 묻는 부모님, 친구들이 있었지만 재능이나 적성은 그때그때 변하기 마련이라는 것이 내 생각이었다. 문이과 통폐합이니, 융합적 인재니 하는 말들이 교육부나 학교 내에서 떠돌고는 있었지만 나는 그저 '강이피지'가 우선이었다.

적성에 맞고 재능이 있으면 무엇 하겠는가? 합격이 우선이지.

물론 후에 알았지만, 이과가 입시와 취업에 있어 상대적으로 수월하다는 장점도 있었으니 두 번째 나의 전략은 뜻하지 않은, 매우 훌륭한 선택이라 할 수 있다.

의아해 하는 친구들에게 이과 선택의 이유를 말하며,

모름지기 전략이 필요한 것이다. 말하자면 나는 전략의 제왕이다."

하며 으쓱거렸는데,

"잔머리의 여왕이지."

친구들이 낄낄거렸다.

인생에도 가성비가 있다

나의 성적은 예상대로 1등급 후반에서 2등급 초반을 오르내렸다. 그 정도면 나는 매우 만족스러웠다. 내 능력으로 그 이상은 오르지 못할 욕심

이랄 수밖에 없었다.

나는 대개의 경우에서, '가성비'라는 것을 염두에 두고 산다. 열심히, 죽어라고 공부하면 1등급 초중반에도 들어갈 수 있을지 모른다. 그러나 이론적으로 예상할 수 있을 뿐, 기약할 수는 없다. 그러나 지금 이 정도로 적당히 공부하면 틀림없이 1등급 후반이나 2등급 초반은 받을 수 있다. 가성비가 좋은 것은 후자쪽이다.

더구나 교과 진학은 아무리 좋은 내신 성적이라고 해도 지원할 수 있는 대학이 적정, 안정 중심으로 제한적이다. 그리고 교과전형은 대부분 수능 최저 등급을 요구하고 있다.

어이구, 수능이라니.

K도 이러한 가성비 이야기를 한 적이 있다.

K가 말했다.

"대학이나 대학원 입학에서 가성비 박한 것이 세 가지가 있다. 첫 번째가 의대 입학이다."

"그건 왜요? 누구나 가려고 하잖아요?"

"그렇긴 하지. 하지만 그 좋은 머리와 무한대의 노력으로 의대 입학하고, 의사고시 보고, 인턴하고 다시 전공의 4년을 하고 의사가 된다? 최고의 대접을 받는 의사도 많지만 더 많은 일반의들은 그다지 좋지 않은 처우를 받지. 몇 해 전인가, 신용불량 1위 직업이 의사인 적도 있어."

그리고는 우리를 한 번 둘러보았다.

"물론, 너희들하고는 원래 상관없는 일이긴 하지. 다음은 교대입학이야."

"그것도 선호도 높은 학교 중 하나인데요?"

"물론 그렇지. 하지만 대부분 교대 희망자들이 손가락 안에 드는 전교권 학생들인데, 역시 그 실력, 그 노력으로 교대를 가서 얻는 것이 별로 없거든. 교대 진학과 교사임용이 그들 인생의 정점인 셈인데, 그들의 재능과 노력에 비하면 가성비 별로지. 그나마도 벽촌 오지 근무가 다반사고."

"다음은요?"

"로스쿨인데 이건 말 하나마나니까."

이런 점에서 나의 선택은 나무랄 데 없는 탁월한 선택인 것이 틀림없었다.

세 번째로 꼽을 수 있는 나의 탁월한 전략은 '식품공학'을 택한 것이다. 사실 처음에는 이 전공에서 무엇을 하는 지도 몰랐다.

"먹는 걸 좋아하더니만."

친구들은 무슨 과자나 빵 정도를 만드는 것으로 생각했고 나도 그 정도였다. 실제로 1학년 때 근처 대학교 학과 탐방에 가서 '먹는 거 만드는 일'이라는 것을 얼핏 들은 것이 그에 대한 지식의 전부였다.

처음 이과를 선택했을 때는 그저 '간호사'가 다였다. 딱히 무엇을 할지 생각해 본 적도 없고, 생각할 수도 없었기 때문에 1학년 '생기부'에 그렇게 적었다. 2학년 '생기부'에는 '식품연구원'이라고 진로 희망을 적었는데 결과적으로 이는 상당히 전략적이었다.

전략적이었지만, 내가 이 전공을 선택의 이유는 나 자신도 잘 알 수가 없다. '식품공학'이라는 말을 어디선가 듣긴 했으니 그런 진로를 결정 했을 텐데, 어디서 누구에서 들었는지는 도무지 기억이 나질 않았다. 아무튼 그런 진로를 결정하고 나서 보니, '식품공학'이라는 학과를 아는 학생들이 별로 없었다.

"식품영양 같은 거 아나?"

이렇게 묻는 친구들도 있었다. 대부분의 아이들이 잘 모르는 학과이니 그 학과를 선택하는 학생들이 적을 것이고 이로 미루어 입시에서 상대적으로 경쟁이 덜할 것이라는 결론에 이르렀다.

'이 역시 강이피지'의 구현이다.'

내 스스로 그런 생각이 대견하기도 했는데 그런 나를 두고 친구들은 '역시 잔머리의 여왕답다'며 혀를 내둘렀다.

성적은 그럭저럭 2등급대를 유지 하였지만 성적과 입시는 또 다른 일이었다. 아주 최상급도 아니고 아주 안 좋은 것도 아닌, 애매한 성적에, 전공에 대한 지식, 활동, 비전이 전혀 없다는 것이 문제였다.

다른 친구들이 농어촌 전형을 이야기 했지만 전주에서 온 내게는 해당이 없었다. 교과 전형으로 지역 국립대를 지원하는 방법도 있었지만 그래도 인서울, 수도권에 진학하고 싶은데다가, 지방 국립대 교과전형은 거의 대부분 '수능 최저 등급'을 요구하고 있었다. 배수의 진으로 정 안되면 전북대, 아니면 군산대까지를 내신으로 들이밀어야겠다, 생각하고 있었다.

이 생각을 뒤집어 놓은 것이 K였다. K가 말했다.

"서울권 중위권 대학에 갈 수 있겠다."

"!!"

소란스러운 가운데서도 그 소리는 무슨 복음처럼 귀에 착 감겼다.

하지만 내가 누군가. 훌륭한 전략가는 합리적 의심이 있어야 하고 신중한 결정을 해야 하는 법이다. '중위권'이라는 말의 범위도 석연치 않았다.

"중위권이라 하면?"

"중앙대, 경희대 정도 넣자."

"네?"

K는 웃으며 '식품공학과를 선택한 나의 결정에 대해 감탄했다.

"식품공학 선택하는 경우는 매우 드문데……, 그런 학과를 아는 애들도 드물어. 하하."

나의 탁월한 선택을 알아본 것만으로도 나는 그에게 왠지 모를, 강한 신뢰감이 들었다.

"근데, 식품공학이 뭐니?"

웃는 모습으로 불쑥 던진 질문은 그러나, 허를 찌르는 것이었다.

"식품 만드는 거라고 알고 있어요."

다시 K가 웃었다.

"그것과 관련 있는 활동은 어떤 것이 있어?"

"별로……, 그것이 걱정이에요."

K는 뭔가 생각하더니, 나의 '생기부' 중 활동 하나를 지적했다. 양파 표피세포 관찰실험인데 그저 실험을 했다, 정도 기재된, 특별한 것은 아니었다. 현미경으로 양파를 껍질별로 세포를 본 것이 다였다.

"양파 세포 관찰 실험을 했구나. 삼투압 관련이었니?"

"그냥 세포 크기 관찰이었어요. 겉과 안쪽의 세포의 크기가 다를 것이라는 가설로."

"세포 크기는 당연히 다르겠지. 너는 이걸 다른 각도에서 살펴봐야겠다."

"?"

"이집트에 가면 피라미드가 있다."

K가 말했다.

"있죠."

"그걸 만든 사람이 누구지?"

K는 대체로 엉뚱한 방향에서 얘기를 시작하는 것이 특기인 모양이었다.

"투탕카멘? 쿠푸왕인가? 하여간 파라오……, 아닌가요? 아니, 노예들인가?"

"이집트 말에 피라미드를 만든 것은 양파라는 말이 있다."

"양파요?"

"onion, 먹는 양파지."

"그게 무슨?"

"그게 숙제야. 왜 그런 말이 있는지 알아봐야 해."

엉뚱한 그 숙제는 그러나, 내가 아주 다른 눈을 뜨도록 하는데 결정적인 역할을 했다.

'케르세틴은 양파에 많이 들어 있는 지용성 물질로 항암성, 항염증성, 항알러지성, 항바이러스성을 가지고 있다. 케르세틴은 단백질과 세포핵을 이어주는 중간 신호 전달체계를 차단하여 단백질 공급을 막으면서 암세포가 성장하지 못하게 하는 기능을 한다'는 것을 알게 되었다.

"그 다음은 말하지 않아도 잘 알 듯 싶은데?"

사실이 그랬다. 이러한 양파의 성분을 알게 되자, 평소 흔하디흔한 양파가 아주 새롭게 보이기 시작했다.

"이런 성분을 이용한다면 화학적 항암치료를 개선하는 방법도 나올 수 있겠는데요?"

"가능하겠지. 네가 그걸 하면 더 좋겠고. 하지만 어디까지나 이건 식품이니까……."

"식품!"

"바로 치료제나 약품으로 쓸 수는 없겠지."

"약품과 식품은 뭐가 다른가요?"

"약품은 약국에서 팔고 식품은 슈퍼에서 팔지."

그 말에 좀 어이없는 웃음이 나왔지만 약을 왜 약국에서 파는지 그 내용을 차츰 파악하면서 간명하게 정리된 말인 것을 깨닫게 되었다. 이후 나를 '잔머리의 여왕'보다는 '양파 떠벌이'라는 이름으로 부르는 학생들이 더 많아졌는데 새롭게 익힌 '전문지식'을 때와 장소를 안 가리고 다른 학생들에 자랑스레 늘어놓았기 때문이다.

꼬리에 꼬리는 무는 지식

아, 자기소개서 쓰는 일이 이렇게도 어려울 줄이야.

학교에서 배운 교과지식이 어떤 것이 있나, 새롭게 살펴보고 공부하고 이를 식품공학 관련한 내용으로 한 차원 높게 다시 공부하는 과정을 되풀이 했다.

이 과정은 식품공학에 대한 새롭고도 수준 높은 지식을 쌓는 과정이었는데 그러한 지식이 있어야만 내가 한 교과학습과 활동을 제대로 해석해 낼 수 있었다. 짧은 기간에 많은 지식을 머리에 넣어야 했는데, 이제까지 공부한 학교 공부 내용에 비추어 보면 훨씬 더 복잡하고 어려운 내용이었다.

그렇지만 학교 공부와는 다르게 아주 '쏠쏠한 재미'가 있었다. 공부가 재미있게 느껴진 것은 거의 처음 있는 일이었다. 내 스스로 그런 내 모습이 매우 신기하고 이상스럽게 생각될 정도였는데, K가 말했다.

"너에게 정말 식품공학적 적성이 있는 모양이다."

자기소개서를 쓰면서 내가 이제까지 했던 교과 공부와 교내 활동이 나의 진로와 어떤 관련이 있고 의미가 있는지 하나하나 새롭게 이해할 수 있었다.

"숙제가 있다. '생명의 선택'이라는 다큐가 있는데 그걸 보고 오너라."

숙제라는 단어는 일종의 알러지 반응을 일으키곤 하였는데, K의 숙제는 그런 고정관념을 여지없이 깨뜨렸다.

K가 말했다.

"식품과 불가분의 관련이 있는 것이 '후성유전학'인데 이것을 이해해야 식품공학의 가치를 잘 이해할 수 있다."

K가 제시한 '후성유전학' 내용을 공부하고 식품의 중요성을 새롭게 알게 되었는데, 매우 충격적이었다. 식품의 섭취가 후대의 유전자에 영향을 주어 기형아 출산 등의 현상으로 이어질 수 있다는 것이었다.

정리하자면, 다음과 같다.

'식품은 DNA 염기서열의 변화 없이 크로마틴의 구조적 변화를 주어 유전자발현 조절을 연구하는 '후성유전학'과 많은 관련이 있다. 중국의 산시성에서는 매년 많은 수의 신경관 결손증 기형아가 태어나는데, 그 원인은 '후성유전자' 중 하나인 엽산(folic acid)이 부족했기 때문이다. 고원지대 산시성에서는 채소재배가 어려워 채소에 함유된 엽산의 섭취가 불가능했고 이는 유전자에 영향을 주어 기형아가 출산된다. 식품은 결국 우리의 유전자를 껐다 켰다 할 수 있는 중요한 스위치라는 것을 깨달았다.'

아, K는 새로운 세계의 문을 열어서 내게 보여주었다. 그 짧은 기간에 나는 식품공학뿐만이 아니라 생명공학, 생명과학의 개념과 활용에 대해 넓게 이해할 수 있었다. 그러자 내가 평소에 했던 교내 활동과 학습내용이 아주 새로운, 전혀 다른 것이 되었다.

이를테면, 화학시간에 배운 '아미노산'이나 '환경호르몬' 등이 식품과 연결되었을 때, 어떤 내용이 전개되는지, 눈이 부실 지경이었다. 지식이 꼬리에 꼬리를 무는 방식으로 확장되고 심화되었던 것이다. 이를 바탕으로 자기소개서 1번 항은 다음과 같은 내용이 채워졌다.

'화학 시간에 발표 준비를 하며 '아미노산'을 깊이 학습하였습니다. 아미노산은 단백질의 기본 구성단위이며 생물의 몸을 구성하는데 관여합니다. 전구물질이 없어 체내에서 합성되지 못하는 아미노산, 합성하는 단계가 복잡하여 음식물을 통해 섭취하는 게 더 경제적인 아미노산 등 아미노산을 심화 공부하였습니다. 그중 필수 아미노산인 리신은 고기와 콩에 다량 함유되어 있고 화학식은 $C_6H_{14}N_2O_2$이며 염기성을 띄고 있습니다. 이후 리신을 합성하는 사례들을 알아보다가 제당회사 CJ의 세포공장을 이용한 합성 방법이 있음을 알게 되었습니다.

세포공장은 생산능력을 가진 미생물 세포를 통해 여러 가지 화학공정을 갖추는 것을 의미합니다. 생물학적 부품과 이 부품들로 구성된 유전자 회로를 빼거나 더해 세포공장을 만드는 과정을 학습하였고 그 시초가 되는 섀시세포에 대해서도 학습하였습니다. 리신의 합성 과정을 공부를 하던 중 시트르산 회로라는 것을 알게 되었습니다. 시트르산 회로는 이해하기가 너무 어려워서 제 나름대로 인터넷을 찾아가며 알아가고 순서도를 만들며 이해하려는 노력을 해보았습니다. 시트르산 회로는 세포 호흡의 중간 과정 중 하나입니다. 호기성생물에서 호흡 기질을 분해하여 얻은 아세틸-CoA를 이산화탄소로 산화

시키는 과정에서 방출되는 에너지를 ATP에 일부 저장하며 나머지 에너지를 NADH + H+, FADH2에 저장하는 화학 반응입니다. 공부 과정 중 아스파트산은 콩나물에 많고 특유의 시원한 맛의 원인임을 알았습니다. 또한 아스파트산의 전구물질인 아스파라긴이 알코올성 간 손상에 효과가 있어 숙취에도 효과적으로 알려져 있으나 아미노산인 아르기닌이 더 큰 역할을 하고 있다는 것을 알았습니다. 이 과정에서 카복실화, 아미노기 전이반응 등 여러 화학용어에 대해서도 알게 되었습니다.'

지식의 출처와 공부 방식에 대해서도 언명을 했다. 내가 공부한 내용이고 내가 작성한 내용인지 믿기지 않을 정도로 마음이 기뻤는데, K가 더 기쁜 모양이었는지, "됐다!" 하고 말했다.

독수리의 발톱

진돗개, 핏불테리어, 악어, 피라냐, 자라 등의 동물은 한 번 물면 어떤 경우에도 놓지 않는 것으로 유명하다.

나의 숨은 장점 중의 하나도 이것과 비슷하다. 한 번 물면 놓지 않는다. 기회란 것은 자주 오는 것이 아니다. 어쩌다 한 번, 영영 안 오는 경우도 있다. 그러니 기회가 오면 놓치지 말아야 한다. '다음에'라는 것은 거의 없다. '아예 없다'고 생각하는 것이 합리적이다.

K를 믿기로 했으므로, 터무니없어 보였지만 성균관대, 경희대, 중앙대, 과기대, 국민대에 원서를 넣었다. 성대는 매우 상향지원, 경희대, 중앙대 도전 상향, 과기대 적정도전, 국민대 적정이라는 것이 K의 의견이었다. 교과로 세종대학을 받치는 것도 잊지 않았다.

국민대, 과기대, 중앙대, 경희대의 순서로 합격자 발표가 있었는데 경희대를 제외하고는 모두 1차 합격했다.

'내가 붙은 건가.' 기대를 안했던 터라 1차 발표를 보면서 감격의 눈물이 났다.

면접은 전혀 생소한 영역이었다. 무엇을 준비해야 하는지, 어떻게 준비해야 하는지 전혀 알 수가 없었다. 그러나 어떻게 하든, 아주 철저히 해야 한다!는 것은 확실히 알 수 있었다. 있을 수 없는 기회가 눈앞에 왔기 때문이다.

일반적인 면접 요령부터, 식품공학과 관련한 최근의 이슈, 나의 '생기부'와 '자소서'의 내용을 샅샅이 훑었다. 그저 내용만 익힌 것이 아니었다. 그와 관련된 복합적 지식, 배경, 미래의 전망까지 샅샅이 뒤져 공부했다. 공부만 한 것이 아니라 이를 모의면접을 통해 발표하는 훈련, 예컨대, 내용, 사례, 목소리, 태도까지 연습에 또 연습을 거듭했다. 그런 훈련을 하는 내 마음속에는 '이런 기회는 내 인생에 다시 없을 것이다!' 하는 생각이 자리 잡고 있었다. 덕분에 K는 나에게 지겹도록 시달려야 했다.

아, 그리고, 열심히 훈련한 내용을 면접에서 맞닥뜨렸다.

국민대는 합격권의 예비 번호, 중앙대, 서울과기대로부터는 최초 합격을 통보받았다. 고치를 탈피하고 나비가 되는 순간이었다. 학교와 K에게 소식을 전하며 눈물이 났다.

전략이니 뭐니 하고 억지로 자위하며 지낸 세월이었지만 군 단위 지역으로 멀리까지 통학하며 견뎌온 그간의 어려운 과정이 떠올라 새삼 감정이 북받쳐 올랐다. 한참을 울었다.

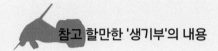 참고 할만한 '생기부'의 내용

'기하와 벡터'

'이차곡선 단원을 배우면서 평면위의 한 점과 그 점을 지나지 않는 한 직선에 이르는 거리가 같은 점들의 집합인 포물선을 완벽히 이해하여 학급 친구들에게 이 정의를 활용, 그림으로 문제를 풀어 설명함. 실생활에 이용하는 아치형 구조물인 영종대교, 파라볼라 안테나 등을 찾아보고 실생활에서 다양한 수학적 원리가 활용된다는 것을 깨달음.

수학의 기본적인 개념, 원리, 법칙을 이해, 적용하는 능력과 조건명제의 증명, 삼단논법에 의한 연역적 추론, 반례에 의한 증명, 간접증명법, 모순법, 동치인 명제의 증명, 수학적 귀납법 등을 통한 증명 과정을 잘 이해하고 있으며, 이를 활용하여 수학적 명제를 증명할 수 있는 능력이 있음. 또 평면벡터의 성분과 내적을 배우는 과정에서 정의적 영역에 대한 어려움을 느꼈으나 포기하지 않고 노력하여 극복하는 모습을 보임'

'확률과 통계'

'정규분포 학습 내용 활용으로 플라스틱 사용량 통계를 내기 위해 학생들과 선생님 100명을 대상으로 설문조사를 함. 확률변수를 일주일로 잡아 조사한 플라스틱 사용 통계는 일주일 평균 16.8개를 사용하는 것으로 조사됨. 이 과정에서 통계는 일상적으로 적용되는 수학 원리임을 실감하였으며 그 결과를 교과서에 있는 정규분포 그래프로 그려 반 친구들에게 발표함. 자신의 학습관과 학습능력을 고려하여 매우 창의적이고 효율적으로 자신에게 맞는 학습 방법을 찾아 문제를 해결하는 능력이 돋보임. 문제를 바라볼 때 주어진 한 가지 방식이 아닌 다양한 해결방법을 고민하는 학생으로, 자신의 생각을 교사나 다른 학생들에게 질문하여 검증하는 자세를 보임.'

'영어'

'영어- 영어지문 'Liam에 대해 관대한 어머니와 우려하는 아버지'를 읽고 해석해 친구들 앞에서 Liam에게 관섭은 불필요하며 아버지의 지나친 관섭이 Liam의 자율성을 훼손 시킬 수 있다고 자신의 의견을 얘기하였음. 학업과 관련된 서식을 주어진 환경에 맞게 작성할 수 있고, 자신의 진로를 탐색하기 위해 교과서의 '식량으로써 곤충에 가치'지문을 해석하여 곤충을 이용한 미래식품을 더 알아보기 위해 찾아보고 시중에 곤충을 이용한 사탕, 햄, 순대, 스프가 나와 있으며 사람들의 인식을 바꾸기 위해 우리들에게 친숙한 음식들로 만들며 본래 그 음식들보다 영양가도 높다는 것을 알게 되었다고 함. 평소 영어독해 부족한 부분을 채우기 위해 단어와 영어지문을 꾸준히 읽으며 영어에 대한 자신감을 높임.'

'생명과학'

'생명과학– 정상인의 오줌의 생성과정 중 사구체에서 보먼주머니로 여과된 포도당은 세뇨관을 지나는 동안 모세혈관으로 100% 재흡수 되므로 오줌으로 배설되지 않지만 혈당량이 정상인에 비해 지나치게 높을 경우 포도당이 100% 재흡수 되지 못하고 오줌과 함께 배설되고, 이러한 증상을 당뇨병이라고 하는데, 당뇨병을 예방할 수 있는 방법이 궁금하여 알아봄. 주원인인 식습관에서 인스턴트식품을 줄이고 고기 위주의 식단을 채소와 함께 적절히 섞어 개선하며 커피와 여주열매가 있는데 여주에는 식물성 인슐린이 다량 함유 되어있어 인공적인 의약품이나 혈당강압제보다 당뇨병 예방과 치료에 효과적인 역할을 한다는 것을 학습함. 또 생명과학을 배우면서 '사람의 유전'단원에 흥미를 느껴 쌍둥이 연구에 관한 내용을 공부함. 일란성 쌍둥이들은 형질이 같아 성장하는 게 같지만 먹는 식품에 따라 체형이 달라질 수 있다는 연구 결과를 접하고 일상생활에서의 식품의 중요성을 다시금 인식하는 계기가 됨.'

1. 고등학교 재학기간 중 학업에 기울인 노력과 학습경험에 대해 배우고 느낀 점을 중심으로 기술해 주시기 바랍니다. (1,000자 이내)

화학 시간에 발표 준비를 하며 아미노산을 깊이 학습하였습니다. 아미노산은 단백질의 기본 구성단위이며 생물의 몸을 구성하는데 관여합니다. 전구물질이 없어 체내에서 합성되지 못하는 아미노산, 합성하는 단계가 복잡하여 음식물을 통해 섭취하는 게 더 경제적인 아미노산 등 아미노산을 심화 공부하였습니다. 그중 필수 아미노산인 리신은 고기와 콩에 다량 함유되어 있고 화학식은 $C_6H_{14}N_2O_2$이며 염기성을 띄고 있습니다. 이후 리신을 합성하는 사례들을 알아보다가 제당회사 CJ의 세포공장을 이용한 합성 방법이 있음을 알게 되었습니다.

세포공장은 생산능력을 가진 미생물 세포를 통해 여러 가지 화학공정을 갖추는 것을 의미합니다. 생물학적 부품과 이 부품들로 구성된 유전자 회로를 빼거나 더해 세포공장을 만드는 과정을 학습하였고 그 시초가 되는 섀시세포에 대해서도 학습하였습니다. 리신의 합성 과정을 공부를 하던 중 시트르산 회로라는 것을 알게 되었습니다. 시트르산 회로는 이해하기가 너무 어려워서 제 나름대로 인터넷을 찾아가며 알아가고 순서도를 만들며 이해하려는 노력을 해보았습니다. 시트르산 회로는 세포 호흡의 중간 과정 중 하나입니다. 호기성생물에서 호흡 기질을 분해하여 얻은 아세틸-CoA를 이산화탄소로 산화시키는 과정에서 방출되는 에너지를 ATP에 일부 저장하며 나머지 에너지를 NADH + H+, FADH2에 저장하는 화학 반응입니다. 공부 과정 중 아스파트산은 콩나물에 많고 특유의 시원한 맛의 원인임을 알았습니다. 또한 아스파트산의 전구물질인 아스파라긴이 알코올성 간 손상에 효과가 있어 숙취에도 효과적으로 알려져 있으나 아미노산인 아르기닌이 더 큰 역할을 하고 있다는 것을 알았습니다. 이 과정에서 카복실화, 아미노기 전이반응 등 여러 화학용어에 대해서도 알게 되었습니다.

본래 알고자 했던 리신의 합성 과정을 완전히 이해하지 못하고 관련지식만을 알았지만 이러한 학문적 호기심이 오히려 자극이 되었습니다. 식품공학과에 진학하여 전문지식을 배우고 싶다는 의지를 키우게 되었습니다.

2. 고등학교 재학기간 중 본인이 의미를 두고 노력했던 교내활동을 배우고 느낀 점을 중심으로 3개 이내로 기술해주시기 바랍니다. 단, 교외활동 중 학교장의 허락을 받고 참여한 활동은 포함됩니다. (1,500자 이내)

교내 환경 글짓기대회를 준비하며 환경 호르몬에 대해서 공부하였습니다. 그 중 벤젠으로 구성이 된 화합물질 중 식품 관련 논란이 있었던 다이옥신에 대해 알아보았습니다.

먼저 화학시간에 배운 벤젠에 대해서 학습하였습니다. 벤젠은 정육각형 모양의 분자이고 결합각은 모두 120도로 같으며 분자식이 C6H6인 분자임을 알고 다이옥신에 대해서 공부하였습니다.

다이옥신으로 오염된 토양에서 자란 채소나 풀을 먹고 자란 가축을 사람이 먹으면 다이옥신이 체내로 들어와 체지방, 간, 혈액, 뇌에 축적되고 인체 면역계에 치명적 손상과 발육저하, 생식 등에 악영향을 끼치는 치명적인 화합물임을 알게 되어 다이옥신에 대한 경각심을 가지게 되었습니다.

다이옥신의 화학적 구조는 2개의 산소 원자로 2개의 벤젠 고리가 연결되어 있고, 그 이외에 염소가 결합되어 있는데 두 벤젠고리에 결합될 수 있는 염소의 수는 최대 8개까지이며, 다이옥신의 독성은 염소의 결합 위치에 따라 달라짐을 학습하였습니다.

또한 다이옥신을 공부하며 다이옥신이 인체에 흡수된 후 배출되지 않고 축적되는 이유를 다이옥신의 성질을 통해 이해하였습니다.

옥탄올 물 분배계수란 이웃하고 있는 물과 옥탄올에서 어떤 물질의 농도비입니다.

따라서 옥탄올 물 분배계수가 1보다 큰 다이옥신은 소수성을 띄어 소변과 땀을 통해 배출되지 않고 체내에 축적됩니다. 하지만 이는 다이옥신이 인체에 도달하는 과정을 설명하지 못하여 이를 따로 알아보았습니다.

다이옥신은 유기태 탄소분배계수가 높아 자연 속 유기물에 다이옥신이 강하게 결합되어 자연에 오랜 시간동안 머물 수 있으며 이는 생물체들이 다이옥신을 섭취하는 가능성을 높여 먹이사슬을 통해 인체에 도달하는 원인임을 알게 되었습니다.

다이옥신에 대해 공부하다보니 이를 분해하는 방법이 궁금하였고 제가 화학시간에 배운 산화와 환원 단원을 이용한 제강분진을 산화환원반응촉매로 이용한 다이옥신 처리방식이 있었습니다.

제가 알아본 분해방법은 다이옥신을 함유한 가스와 공기를 촉매 표면에 흘려보내 산화 분해시켜 다이옥신을 제거하는 방법입니다.

촉매표면에 다이옥신과 산소가 흡착되고 흡착된 반응물 사이에 산화반응이 일어나 다이옥신이 분해되어 이산화탄소와 염화수소 등이 생성됩니다.

이때 분해반응을 효과적으로 일으키기 위해서는 적절한 촉매의 선정과 반응조건의 유지가 필요합니다. 한편 분해반응 효율에 영향을 미치는 중요 인자 중 공간속도에 대해 알아보았으며 촉매 층 부피에 반비례하며 유입가스속도에 비례함을 알았습니다.

이 과정을 통해 화학이 환경, 식품 문제를 해결하는 중요한 요소임을 알게 되었습니다. 이 화학적인 요소는 식품과 밀접한 관계를 이루고 있음을 인식하고 화학공부의 필요성을 느꼈습니다.

저는 인체나 자연에 존재하는 다이옥신의 분해방법을 알았지만 정작 제가 관심이 있는 식품 속에 내제되어 있는 다이옥신의 분해 방법을 알지 못했습니다. 하지만 저는 식품공학전공과정을 살려 다이옥신이 제거된 식품뿐만이 아닌 유독물질로부터 안전한 먹거리와 건강식품을 개발하는 연구를 하고 싶습니다.

3. 학교생활 중 배려, 나눔, 협력, 갈등관리, 리더십 발휘 등을 실천한 사례를 들고 그 과정을 통해 배우고 느낀 점을 기술해주시기 바랍니다. (1,000자 이내)

유레카 생명과학 동아리 활동 중 C3식물과 C4식물의 차이점에 대해 이야기가 나왔습니다. C3 대표식물은 토마토이며 C4는 옥수수입니다. 동아리에서 이미 옥수수를 재배하고 있었으므로 저는 방울토마토 재배에 관심을 가져 친구들과 기르기로 하였습니다. 옥수수, 토마토 재배로 광합성 등 합성반응을 관찰하고 식물 재배 지식을 높일 수 있어 유익한 활동이라 생각했습니다.

실장, 부장들과 협의하여 토마토 물주는 역할, 아침마다 방울토마토를 야외에 내놓는 역할 등을 나누어 조절하고 모두가 만족할 수 있는 배치표를 만들어 갈등이 없도록 이끌었습니다.

평소 식물 기르기에 흥미가 있던 저는 학급 아이들과 방울토마토를 관찰하며 제가 평소 식물을 기르던 방식으로 키웠는데 토마토가 말라 죽었습니다. 저는 책임감을 느끼면서도 한편으로 그 이유가 궁금했습니다.

토마토는 C3식물인데, 광합성 과정에서 이산화탄소를 처음 고정할 때 만들어지는 탄소화합물이 탄소 3개로 이루어져 있고 이산화탄소 농도가 약 200ppm이상이고 물이 충분한 곳에서 잘 사는 식물입니다. 하지만 친구와 주말마다 기르던 옥수수는 C4식물이었고 저는 방울토마토를 옥수수 물 주듯이 긴 간격을 두고 물을 주었는데 이 점이 작물 재배 실패 원인임을 알 수 있었습니다.

C4식물은 증산으로 잃는 물보다 광합성에 이용하는 물의 비중이 커 수분 사용률이 높다는 점에서 C3와 차이가 있습니다. 또한, C4식물은 이산화탄소를 PEP 카복실화 효소를 이용하여 고정하는데 PEP 카복실화 효소는 C3식물의 루비스코와 달리 산소와는 결합하지 않기 때문에 광호흡이 일어나지 않아 효율적입니다. 따라서 C4식물은 고온 건조 환경 속에서도 C3식물보다 생육이 유리하였고 이를 통해 방울토마토 기르기가 왜 실패한지 알게 되었습니다.

여러 친구들이 공동으로 키우던 작물을 제 지식부족, 실수로 죽이게 되어 친구들에게 많이 미안했습니다. 협력을 통해 무슨 일을 하든 자신의 책임과 역할을 잘 이행하여야 하며 이를 잘하기 위해서는 관련된 전문지식을 깊이 있게 쌓는 것이 중요하다고 생각하였습니다.

4. 해당 모집단위에 지원하게 된 동기와 지원하기 위해 노력한 과정을 구체적으로 기술해주시기 바랍니다(띄어쓰기 포함 1,500자 이내).〈중앙대학교〉

평소 의료계통과 생명과학에 대해 관심을 가지고 여러 의료관련 다큐멘터리를 찾아보기도 하였으며 생명 과학 시간에 틀어주시는 영상물을 몰두하여 공부하였습니다.

그 중 생명과학 수업시간에 SBS 창사특집 3부작 다큐멘터리 '생명의 선택'을 보게 되었습니다.

1부 '당신이 먹는 게 삼대를 간다' 영상에서는 엽산이 결핍된 식생활로 매년 수많은 신경관 기형아가 태어나는 중국 산시성의 실태와 영양 과잉으로 세계에서 당뇨병 발병 비율이 가장 높은 미국 애리조나 주 피마 인디언들의 사연을 소개하고 있습니다.

그 사람들이 섭취하는 부적절한 식단의 부작용이 후손에게서 발현되어 문제가 되고 있었습니다. 여기서 부작용 발현은 유전자 발현과 관련이 있는데 이들이 섭취한 식단이 유전자 발현에 영향을 끼치고 있었습니다.

후성유전학이란 DNA의 염기서열 변화는 이루어지지 않지만 유전자가 발현됨에 있어 조절인자의 변형으로 일어나는 다양성에 대해 연구하는 학문이며 이 공부를 통해 메틸기의 원리에 대해 알 수 있었습니다.

메틸기의 원리는 DNA 염기에 메틸기가 붙어 메틸화가 일어납니다. DNA는 아데닌, 구아닌, 티민, 사이토신을 포함하는 뉴클레오타이드의 조합으로 만들어지고 이때 사이토신과 구아닌이 나란히 존재하는 부위에 메틸기가 추가될 수 있습니다.

메틸화의 작동원리는 메틸화는 DNA 메틸기 전달효소에 의해 일어나는데 그 종류에 따라 기능이 다릅니다. 그 다음 DNA가 메틸화 되면 메틸기와 결합하는 단백질이 유도됩니다. 또한 메틸기결합단백질은 히스톤을 메틸화시키는 효소도 함께 유도하는데 이를 통해 유전자 발현이 억제되는 결과가 나타납니다. 이러한 기능을 하는 메틸기는 음식을 통해 체내에 유입될 수 있습니다.

따라서 식단선택에 따라 유전자 발현에 영향을 끼칠 수 있다는 것을 알게 되어 이러한 방법을 통해 적절한 식단선택 방법을 알고 싶었으며 적절한 식단 방법의 사례를 조사 하였습니다. 녹차에 함유되어 있는 카테킨 성분이 암세포의 유전자 발현에 영향을 끼쳐 발현을 억제한다는 것을 알게 되었습니다. 이러한 사실은 연구결과에 따라 질병 예방에 한 획을 그을 수 있다고 생각하였고 따라서 저는 식품유전자 발현에 영향과 인과관계를 밝히는 식품연구를 하고 싶습니다.

다큐멘터리를 보면서 식품연구는 식품과 관련된 포괄적이고 전문적인 지식을 통해 이루어져야 한다고 생각했습니다. 식품의 부작용은 학문영역을 가리지 않고 일어납니다. 물리화학에만 치우쳐 연구가 진행된다면 그 분야에 관련된 부작용만 다룰 수밖에 없어 관련되지 않은 부작용에 대해서는 손을 쓸 수 없습니다. 식품 관련한 연관지식을 폭넓게 공부하여야 한다고 생각합니다.

식품공학자는 자신의 일이 사람의 생명과 관련한 일임을 인식하고 잘못된 정보와 감언이설로 사람들을 현혹시키지 않아야 합니다. 또한, 지나친 상업주의, 수익성에 치우치지 않고 소비자들의 건강에 기여하고자 하는 마음가짐을 가져야 한다고 생각합니다. 저는 이런 마음가짐을 지니고 건강식품개발을 통해 인간의 수명 연장과 건강에 기여하고 싶습니다.(1486)